乘着歌声的翅膀

一位小学音乐教师的研与思

张向东／著

中国出版集团　现代出版社

图书在版编目（CIP）数据

乘着歌声的翅膀：一位小学音乐教师的研与思 / 张
向东著. — 北京：现代出版社，2023.6

ISBN 978-7-5231-0349-4

Ⅰ.①乘… Ⅱ.①张… Ⅲ.①音乐课—教学研究—小
学 Ⅳ.①G623.712

中国国家版本馆CIP数据核字（2023）第102838号

乘着歌声的翅膀：一位小学音乐教师的研与思

作　　者	张向东
责任编辑	张红红
出版发行	现代出版社
地　　址	北京市安定门外安华里504号
邮政编码	100011
电　　话	010-64267325　64245264
网　　址	www.1980xd.com
印　　制	北京政采印刷服务有限公司
开　　本	710mm×1000mm　1/16
印　　张	11.25
字　　数	159千字
版　　次	2023年6月第1版　　2023年6月第1次印刷
书　　号	ISBN 978-7-5231-0349-4
定　　价	58.00元

目录

下 篇 反思总结

上 篇

理 论 研 究

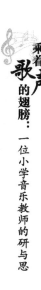

以听为媒，实施审美教育

音乐学科是实施审美教育的重要学科，在《全日制义务教育音乐课程标准（实验稿）》中，描述课程性质与价值时，第一个方面就是音乐学科的"审美体验价值"，在"审美体验价值"中，它是这样描述的：音乐教育以审美为核心，主要作用于人的情感世界。音乐课的基本价值在于通过以聆听音乐、表现音乐和音乐创造活动为主的审美活动，使学生充分体验蕴含于音乐音响形式中的美和丰富的情感，为音乐所表达的真善美理想境界所吸引、所陶醉，与之产生强烈的情感共鸣，使音乐艺术净化心灵、陶冶情操、启迪智慧、情智互补的作用和功能得到有效的发挥，以利于学生养成健康、高尚的审美情趣和积极乐观的生活态度，为其终身热爱音乐、热爱艺术、热爱生活打下良好的基础。

那么，怎样实现音乐学科的审美体验价值呢？笔者认为，在音乐教学中突出音乐学科特点，以听为媒，就能实现音乐学科的审美体验价值。

音乐是凭借声波振动而存在、在时间中展开、通过人类的听觉器官而引起各种情绪反应和情感体验的艺术门类。音乐是听觉艺术，听觉是感受音乐的基础，倾听是直接进入音乐学习领域的最佳途径，是学习音乐的核心方式，学习音乐绝对不能脱离音响。

在了解了我国众多著名民间音乐家的学艺经历后，你会发现，"听"在他们的学艺过程中占有异常重要的地位，有的甚至能简单到用一个"听"字就能概括其学艺过程。著名越剧演员毕春芳没有钱买收音机，就跑到商店门口听收音机，没有钱买戏票，就搬个小板凳坐在剧场门口墙脚下听，边听边跟着学唱。著名昆曲表演艺术大师俞振飞3岁失去母亲，父亲每天唱昆曲《邯郸梦·三醉》中的《红绣鞋》哄他入睡，这样听了三年。后来父亲的学生学唱这支曲，在唱不好的情况下，6岁的俞振飞自告奋勇地示范，竟然一字不错，腔、板完全正确，从此每天跟父亲学戏，成为著名昆曲表演艺术大师。还有很多民间表演艺术家也都是如此。由于受环境的影响（家庭、生活的周围环境），在他们稍稍记事的童年就长期在这种音乐氛围里聆听、熏染，潜移默化地受其影响，以至于大多数人到了喜爱、入迷的程度，这也正是他们走上艺术道路的初动机和原发点。在日后的学习中，他们也能够自觉地运用"听"的手段不断丰富自己的艺术素养，通过正常的手段，如拜师、参加演出，以及非正常的却是非常普遍的手段，如"偷听"等。"听"成就了这些民间表演艺术家，其原因就在于他们以"听"为主的学习过程和方法，暗合了人的身心发展规律和科学的学习方法。

　　世界四大音乐教学法之一的"铃木教学法"是日本小提琴家铃木镇一在20世纪开发推广的音乐教学法，其核心就是强调环境以及"听"在音乐学习中的重要意义。对于教育者来说，创设一个充满美好音乐的环境，将使受教育者有最多的机会聆听这些音乐；对于学习者来说，环境的影响可以使他们在不知不觉中深受其影响。铃木认为：音乐和语言一样，都是人与人沟通的手段。语言学习如此复杂，但人人都可以学会，音乐也一样可以学好。他强调让孩子先听音乐，无论旋律多么简单，都要反复聆听其录音。听的方法也有讲究，是在最放松、最自然的状态下听，让孩子在日常生活中像听家人谈话那样听自己将要学习的音乐，也就是在教学中创设一种类似于"母语教育"的学习氛围，让学生由"听"起步，这样才会取得成功。

　　传统的音乐学习和现代的音乐教育理论，都向我们展示了"听"作为音乐学习基础环节的重要意义，事实上也确实如此，"听"的重要性怎么强调都不为过。有句话说得好：音乐课开始5分钟后如果没有听到音乐，

那叫"窝心"，10分钟后如果还没有听到音乐，那就叫"伤心"。那么，在小学音乐教学中，怎么利用"听"这个手段实施审美教育呢？笔者在实践中是这么做的。

一、带着问题，精神集中地倾听音乐

很多时候，教师让学生欣赏一首乐曲或者第一次初听范唱时，就让学生边听边做动作、边听边拍手，或者将歌曲（乐曲）所表现的内容、意境用图片、画面或者视频尽可能地展示出来，这样学生会将注意力关注到身体的动作或者丰富多彩的画面上，对音乐的关注就会大打折扣，也会限制学生的想象力。或者教师在学生聆听时，简单地问一句：好听不好听？这样学生听时没有目的、没有方向，对音乐的体验也无从下手。笔者认为，初步接触一部音乐作品时，良好的聆听方式应该是将学生置于一个安静的环境，让他们保持放松的、自然的状态，不做任何动作，不加任何声音，带着问题，精神集中地倾听音乐。在聆听之前，老师提出问题或者提示重点注意的地方，引导学生关注音乐的情感、意境或音乐要素的特点，如果一首乐曲需要注意的地方较多，就需要音乐教师多次播放，每一次播放都需要精心设计问题和导语，巧妙地进行穿针引线，让学生每一遍聆听的目标、任务、重点、形式都有变化，使得每次安排的"听"都有新意，激发学生的学习欲望和兴趣，让学生听完后有不同的收获，在重复的聆听中解决新问题，这样才有利于学生对乐曲的理解。

二、有互动表演地倾听音乐

对于所有的音乐学习者来说，无论儿童还是成人，听赏音乐都是一个"互动"的过程。所谓"互动"是指，倾听音乐是一种不断学习音乐，又不断地表演所学到的音乐的过程。人们经常会发现自己倾听音乐的同时，会无意识地随着音乐哼唱曲调、轻拍节奏、在乐器上演奏或随之起舞。当学生在教师的问题引导下反复、多次聆听音乐，对音乐熟悉后，他们就会渐渐和整部音乐作品或某一音乐片段产生互动，即边听边表演，随着他们倾听的次数的增加，他们对乐曲也越来越熟悉，对乐曲的再现表演也越来越到位，也会更容易全身心投入音乐中，所以说，音乐使人精神焕发、活力四射，这一点丝毫不足为怪。这个时候，教师给予学生一定指导，会帮助他们更深入地理解音乐，如拍击身体各部位来应和乐曲，跟着乐曲做一些简单的舞蹈动作，利用打击乐器给乐曲伴奏，对歌曲所表现的内容和意境进行表演，等等。例如，在学习《溜冰圆舞曲》时，教师可让学生在听音乐的同时做自由走步或大幅度的摇摆动作，这将更有助于学生体会音乐的形象。又如，在《卡门序曲》的教学中，让学生边听音乐边拍手、跺脚、捻指，对音乐段落进行归类划分，从而使学生更直观地理解回旋曲的结构。在介绍中国民乐合奏曲《金蛇狂舞》中，让学生和着音乐，配上锣鼓等打击乐器的敲打，这种"音乐领，听者和"的形式更能让学生感受到喧闹欢腾的龙舟竞渡的场面，从而加深学生对音乐形象的理解。

三、在聆听音乐的过程中渗透知识技能的训练

传统的音乐教学强调音乐知识的系统传授、基本概念的记忆和背诵，强调音乐技能的机械训练和反复操作，以掌握知识技能为最高教学目标，这种观念在当前课改多年以后已经有所转变。但是，音乐新课程却出现了只要联想、想象，不要知识技能的另一个极端倾向，这在一些音乐优质课比赛的赛场上经常看到。由于一些教师对新课程的片面理解，他们回避知识和技能的学习，回避乐谱的学习，回避演唱、演奏技能的练习和指导，应该看到，这是一种误解音乐新课程、不利于新课程正确实施的错误倾向。在音乐课程标准中将知识与技能作为音乐课三维目标之一，说明了知识和技能在音乐学习中的重要性。吴斌在《关注音乐》一文中指出："作为学科，必须要有相关的知识体系作为支撑，如果没有音乐知识与技能的培养，音乐就失去了作为一门学科的基本支撑点。"倘若小学音乐教学没有音乐知识技能内容，忽视音乐教育的特殊性，实施美育就成了空中

楼阁。而怎样进行知识技能的教育，却是教师感到困惑的问题。章连启在《试论课程改革体制下的音乐知识技能观》一文中也提道："在课程改革体制下，音乐的知识技能教学绝不是不重要，也不是要简单地将其'淡化'，而关键的是引导学生学习什么内容，用什么方法学。"因此，笔者通过实践认为，采用多种方式，从学生熟悉的生活情境出发，以他们的兴趣爱好为动力，将音乐知识的学习和音乐技能的培养渗透在倾听音乐和音乐实践的过程中，是必要和有效的方式。例如，在三年级学习四分休止符"0"时，教师可以结合歌曲《多年以前》来学习：首先将四分休止符"0"化身为一个"新朋友"，让学生有亲切感，并提示学生注意乐谱中的"0"的标记，让学生在倾听歌曲时，感受在"0"出现的时候歌曲发生的变化，积累对"0"停顿的感性认识，使学生感受到歌曲在"0"处做了停顿；其次用声势律动在"0"处以自己喜欢的方式表示一下，感受"0"停顿的时值，再结合"0"拟人化、富有情趣的自我介绍，这样学生就会认识四分休止符"0"并且学会它的唱法。枯燥的知识点在有趣的倾听音乐活动中得到学习。又如，在学习四三拍子时，教师可以让学生分别聆听学生喜爱的四二、四三拍子的歌曲，通过聆听、演唱对比，感受两种拍子的强弱规律和乐曲情绪的不同。当学生认识乐谱、却唱不准音高和节奏的时候，通过大量的倾听音乐后再进行视唱也是提高学生视唱能力的一种有效的方法，这样会降低识谱的难度，有助于培养学生识谱的兴趣和成就感。而学生感知、体验、理解、表现、创造、鉴赏音乐艺术的基本能力更需要通过聆听才能够得到培养。

四、立足音乐作品，在想象中倾听音乐

"凡音之起，由人心生也"（《礼记·乐记》），任何一首歌曲或乐曲都是人类情感的产物，都能使人受到美的熏陶和情的感染。因此，在音乐课堂教学中，教师应该重视音乐的情感体验，把情感体验作为首要目标。人们对音乐作品的情感体验，其核心是情感共鸣。所谓"情感共

鸣"，是指人们参与音乐审美实践活动的一种心理现象，是人们感觉、知觉、想象、情感、思维等心理活动在音乐（音响）的诱导下，在人的心理活动中产生的一种美感。这种美感能够使人愉悦，能够引起人的遐思。因此，在音乐教学活动中，引导学生将自己的情感与音乐作品所蕴含的情感产生共鸣，乃是音乐教学的重要目标之一。而立足音乐作品，在想象中倾听音乐则是情感体验重要的手段，如一位教师在三年级上册《森吉德玛》二胡曲的欣赏教学中，在马头琴委婉、深沉的乐音声中，将学生带入如诗如画的意境当中。在启发学生感受乐曲两个乐段用相同的旋律不同的速度所表现出的不同音乐情境时，教师通过引导学生听辨、感受乐器的不同音色，帮助学生展开丰富的想象，使学生在充分聆听乐曲、体验情感的过程中，感受到了两个乐段所展现的不同的情境，充分感受到草原的无限美好，蒙古族人民热情、好客、载歌载舞的热烈场面。在多次的聆听、体验过程中，学生还毫不费力地记住了乐曲的主旋律，在视唱时，轻松哼唱，准确识谱，体验到了成功的乐趣，感受到了音乐的魅力。这样的教学积极培养了学生对音乐的感受、理解能力，培养了他们对一切美好事物的向往和热爱，使学生在参与体验中，情感得到释放并引起共鸣，达到了良好的教育效果，审美体验价值得到体现，也为他们终身学习音乐打下了良好的基础。

五、在倾听中创造音乐

创造音乐是培养学生音乐审美创造能力的过程和手段，教师在教学中应通过探索音响与音乐、即兴创造、创作实践来培养学生的创新精神，发掘学生的审美创造潜能。发展学生的音乐创造才能是音乐审美教育过程的归宿。学生音乐创造才能的培养和发展都需要在丰富的音乐欣赏活动和音乐表现环境中得以实现，而这些都离不开音响这一强大的后盾。另外，小学的音乐创造教学虽含有运用音乐材料来创作音乐的"作曲"教学，也包括更多与音乐相关的即兴创造活动，但它与专业性的作曲教学存在着教学目标、教学时间、教学内容、教学方法、技能层次等多方面的区别。以

音乐审美为核心的创造教学，不是培养作曲家，而是通过对音乐美的多方面创造性的探索，使他们发现美、创造美，逐步积累音乐创作经验，发展创造性思维。因此，教师应该更多地采用与音乐有关的即兴创造活动，使他们通过多种形式和途径探索音响和音乐，如在贝多芬的《欢乐颂》教学中，在让学生经历大量的聆听体验的基础上，根据音乐的表现引导学生进行二度创作，这种创作可以是综合性的，如诗歌、散文、绘画，甚至一个自编的小故事或者小舞蹈等，培养学生创造美的能力。又如，教师可以运用人声、乐器声模仿现实生活和自然界的声音，引导学生根据歌声和音乐即兴地创作一些连贯性的动作，将一些简短的生活语句或易懂的诗句即兴编唱旋律等。这些活动都依赖于通过倾听音乐积累的感性认识及听觉的参与。特别要指出的是，由于学生的年龄和知识技能有限，音乐创造教学虽然是新课程的有机组成部分，但是从审美教育的角度来看，它的着重点在于激发学生对音乐美的追求和探索，在于鼓励和培养学生的音乐创造精神，因此相对于结果，我们更应该关注学生学习的过程，以免因为偏重于创作成果质量而打击了学生的积极性，导致整个审美教育的失败。

以音乐审美为核心的基本理念，应贯穿于音乐教学的全过程，渗透在各个不同的音乐教学领域中。作为音乐教师，我们应该在教学中突出音乐学科特点，以听为媒，采用多种教学方式，激发学生的学习兴趣，培养学生的审美感知，丰富审美情感，发展审美想象力，深化审美理解，有效地提高学生的音乐审美能力，真正实现音乐学科的"审美体验价值"。

参考文献

［1］中华人民共和国教育部.全日制义务教育音乐课程标准（实验稿）［M］.北京：北京师范大学出版社，2001.

［2］吴斌.关注音乐［J］.中国音乐教育，2006（1）：14-19.

［3］章连启.试论课程改革体制下的音乐知识技能观［J］.中国音乐教育，2004（4）：17-19，1.

在美的情境中学习音乐

教育为了把社会的期望内化到受教育者的心理成分中去，首先必须让受教育者作为主体去活动，并且在活动中实现对学习对象——知识经验和技能等创造性地把握和自我个性的全面发展。这就决定了教育的任何活动的目的性不能直接指向受教育者，而是要经过"受教育者的活动"这一中介因素。所以教育者必须首先为受教育者提供合适的活动对象、活动目标以及相应的方式方法和条件，使受教育者的主观能动性、知识对象与活动目标能够在活动中形成一个有机的统一体。就是说，教育者必须创造出一个具备一切必需要素的活动情境使受教育者能够顺利地参与进来，成为此学习活动的主体，而教育者则逐渐转移到主导的地位上去。这就是我们常提到的教学中的情境创设。

现代的教学观念、理论和学习方法都非常重视情境的创设，通过教师有目的地引入或创设具有一定情绪色彩的、以形象为主体的生动具体的场景，以引起学生一定的态度体验，从而帮助学生理解教材，并使学生心理机能得到发展。情境教学的核心在于激发学生的情感、启迪学生心灵的窗户，点燃学生思考的火花，使学生的品德、知识和智力在生动活泼的氛围中得到主动发展。将教学活动置于一种由对社会生活和自然环境进行提炼加工而得到的典型的情境（现实的、模拟的或想象的）之中，使教育影响能够充分利用情境的启迪和暗示作用，以美的形式凸显其固有的属性，使受教育者或增加知识，或培养能力，或得到情感的陶冶和美的熏陶。

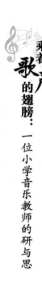

一、音乐学习中情境的创设尤为重要

在《全日制义务教育音乐课程标准（实验稿）》中，其基本理念之一是以音乐审美为核心，这个基本理念"应贯穿于音乐教学的全过程，在潜移默化中培育学生美好的情操、健全的人格。音乐基础知识和基本技能的学习，应有机地渗透在音乐艺术的审美体验之中，音乐教学应该是师生共同体验、发现、创造、表现和享受音乐美的过程。在教学中，要强调音乐的情感体验，根据音乐艺术的审美表现特征，引导学生对音乐表现形式和情感内涵的整体把握，领会音乐要素在音乐表现中的作用"。

音乐是最擅长表现和激发情感、以情动人的艺术，黑格尔称"音乐是心情的艺术"，所以说音乐能最直接地表现和激发感情，最有力地拨动人们的心弦。人们能在声音运动中直接地、酣畅淋漓地体味出音乐家从生活体验中获得的各种情感，这种情感随着乐音的跌宕起伏、激荡回旋、层层推进和反复渲染，最强烈、最细致地表达感情。音乐是情感的艺术，音乐教学中的歌曲、乐曲等一切艺术作品都是艺术家的情感产物。马克思说过："人类在探究真理时，丝毫不动感情地进行探究的事是一次也没有的，现在没有过，并且以后也不可能有的。"因此在教学过程中，我们要善于为学生创设美的情境，让学生在美的教学情境中充分感受歌（乐）曲的情感。

《山腰上的家》是一堂通过音乐欣赏、语言表达和一定的戏剧情境创设，激发学生对家的热爱和怀念的艺术课。上课一开始，教师就给学生播放《山腰上的家》这首歌，要求同学们认真聆听，并且根据自己听后的感受和回忆，讲述自己家中发生的事情或故事。其中一个女学生在《山腰上的家》的音乐声中讲了这样一个故事：

有一次，我因为一件小事与妈妈吵嘴，一赌气就离开了山腰上的家，来到山下的火车站，盲目地登上了一列火车。火车走啊走，走了很远。不久，我就感到肚子饿了，口袋里又没有钱。这下我可着急了，就大声地哭起来。列车员叔叔走过来，问明了情况，给了我一点儿吃的东西，然后在下一个车站把我送下车，领我登上了另一列回家的火车。这趟列车上的列车员叔叔也热情地照顾我。当火车到达家乡的车站的时候，我突然发现妈妈就在站台上等候着。我在车窗边上大声地呼喊着妈妈。火车刚停下来，我就急不可待地跳下车去，扑进妈妈的怀抱，大声哭了起来。妈妈轻轻地抚摩着我的头，说："孩子，咱们回家吧。"

听到这个故事后，教师立即改变了原来的教学计划，提议全班同学一起将这个故事即兴改编为戏剧，然后表演。学生们听到这一决定，异常兴奋，兴趣大增，自己分配角色，自己讨论如何扮演。有的学生扮演妈妈，有的学生扮演小女孩，有的学生扮演列车员，有的学生扮演火车上的乘客，有的学生把凳子摆成火车的样子。教师在学生讨论和排练时，始终播放《山腰上的家》的音乐，不到10分钟，学生们便排练好了，戏剧表演开始了。当演到母女在站台重逢的时候，教师有意将录音机的音量加大，以使气氛达到高潮。全体学生坐在"凳子火车"上，一起唱起了《山腰上的家》，有的学生还用竖笛来伴奏，其情其境，分外感人，全体学生边唱边流泪。当这堂课结束的时候，所有的学生都学会了这首歌。这堂课由于教师巧妙地运用音乐、女孩的故事及表演创设了一个帮助大家感悟音乐、理解音乐的情境，使这节音乐课全体学生都能积极参与到美的音乐实践活动中去，充分地感知音乐、理解音乐、表现音乐、创造音乐和享受音乐，教材的人文主题得到了凸显。

从这个实例，我们可以看出，良好的情境创设有助于激发学生的学习兴趣，帮助学生把握音乐的情感内涵，丰富情感体验，陶冶高尚情操。在实际的教学中，笔者尝试了以下几种创设情境的途径，获得了较好的教学效果。

1. 音像创设情境

音像创设情境是通过音乐的音响及视觉的形象（如图画、电视画面等）创设与教学内容相关的情境。在上课前让学生听音乐进教室就是创设

一种情绪，如欢快的教学内容就选用欢快的乐曲，优美的教学内容就采用优美的乐曲，使学生一开始就进入音乐的环境。《山腰上的家》这节课里，创设情境的方法之一就使用了音乐创设情境，学生一直处在《山腰上的家》的音乐氛围中活动，激发了情感，丰富了想象。图画与电视画面也是常用的方法之一，如在学生欣赏《渔舟唱晚》之后，教师出示一幅图画，可以让学生通过联想进入音乐的境界。如果有电视画面，效果就更佳，但由于电视画面太具体，有时候会影响学生联想与想象力的发展，所以要适时、适当地运用。例如，学唱《长江之歌》，为了展示长江的宏伟气势，教师可以通过电视画面再现长江一泻千里的雄姿，增强学生的形象感受，在此基础上，再教学生学唱。通过画面的联想可以进一步激发学生的情感，因此音、像结合能取得较好的教学效果。

2. 表演创设情境

根据教学内容创编表演，不仅使学生进入特定的情境之中，而且由于学生的亲自参与，他们获得的感受会更深。例如，在《小红帽》一课中，教师让学生分别扮演小姑娘、老奶奶、大灰狼，森林中的树、花、草、房子等，把学生带进一个童话般的世界。再如，在《山腰上的家》一课中，全体学生在音乐的环境里表演女孩讲的故事，使学生获得了丰富的情感体验。学生学习舞曲时，教师可以让学生学跳简单的舞蹈动作，创设舞曲的情境，如《北京喜讯到边寨》《瑶族舞曲》等，通过舞蹈的动作创设的情境让学生感受音乐。

3. 生活展现情境

生活展现情境就是把学生带入大自然，从生活中选取某一典型场景作为学生观察的客体，并以教师语言的描绘鲜明地展现在学生眼前。比如，在学习《在少年英雄纪念碑前》时可以把学生带到烈士陵园。英雄纪念碑掩映在苍松翠柏之间，那庄重的气氛、肃穆的环境深深感染着学生，大家都会变得严肃起来。教师讲述少年英雄的事迹，通过感人的事迹感染学生。在这种情感的基础上，教师带领学生学唱歌曲《在少年英雄纪念碑前》，通过音乐的形象进一步感染学生，使学生的道德情感得以升华。再如，欣赏《劳动号子》时把学生带到操场，让学生轮流进行打夯的劳动，边劳动边欣赏《劳动号子》，打夯的节奏把大家凝聚在一起，使学生对劳动号子有了更深的体会，这种体会是坐在教室里体会不到的。

4. 实物演示情境

实物演示情境是以实物为中心，加上必要的背景，构成统一的整体，以演示某一特定的情境。比如，在学习《泥娃娃》这首歌曲时，教师带来一个泥娃娃，给孩子们看看、摸摸，也可以让学生提前准备，自己做一个泥娃娃带来，在教室里展示给大家看，更可以在音乐声中现场做泥娃娃，在这个时候学唱歌曲，更能激发学生的情感，达到较好的教学效果。又如，在学唱《小青蛙找家》时，教师带领学生用即时贴剪出太阳、蓝天、白云、绿树、荷叶，用粉色皱纹纸做荷花装饰在教室的周围，绿树也可以用现成的塑料仿制的实物，构成一个模拟的小青蛙生活的家，让学生们一进教室，就有一种来到森林里的池塘边的感觉，然后每个学生戴上小青蛙头饰，把自己当作小青蛙，在唱歌曲、做游戏时就能格外投入，也更能体会绿色家园的美丽，增强环保意识。

5. 语言创设情境

语言创设情境是在前面几种运用直观的手段创设情境的同时，伴以教师生动的讲述，这对学生的认知活动起着一定的指向性作用，提高了感知的效应，情境会更加鲜明，并且带着感情色彩作用于学生的感官。学生因感官的兴奋，主观感受得到强化，从而激起情感，进入特定的情境之中。例如，有位教师在欣赏《二泉映月》的教学中，首先打出幻灯片，幻灯片上是盲人音乐家阿炳的肖像：他头戴一顶破帽子，一副旧式的圆眼镜说明了他是个盲人，在他写满沧桑的脸上却透着刚毅的神情。在《二泉映月》凄凉的音乐声中，教师以哀怨悲愤的语调开始讲述阿炳坎坷不平的一生。教师的讲述创设了一个旧社会盲人音乐家坎坷一生的情境，学生通过联想进入了一个情感的世界。《山腰上的家》里女孩在音乐声中讲的故事就是

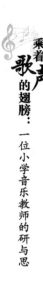
一个典型的利用语言创设情境的例子。又如，在进行体态律动游戏时，为了训练学生听音乐开始和结束及对方向的反应能力，教师可以创设这样一个情境：今天天气真好，森林里的小动物们一起出去散步，学生听到音乐，就会按照音乐的节奏，模仿自己喜欢的小动物的动作四处行走，在听到八度震音时说明下暴雨了，就赶紧回"家"（回座位）。然后教师分别告诉学生：小鸟出来散步、小乌龟出来散步、小白兔出来散步。孩子们就会利用自己头脑中对这些动物的印象，做出相应的（轻巧的、缓慢的、活泼的）动作来。再听到八度震音时说明又下暴雨了，就赶紧回家。学生在这个游戏活动中忘掉了自己，全身心地投入音乐游戏中，他们的音乐感受能力、表现能力都得到了发展。

二、创设情境可选择的教学媒体

创设情境可供选择的教学媒体有：

① 非投影视觉媒体：印刷材料、图片、黑板、模型、实物等。

② 投影视觉媒体：幻灯机、投影仪、缩微胶片阅读机以及相应的教学软件等。

③ 听觉媒体：录音机、收音机以及相应的教学软件等。

④ 视听媒体：电影放映机、电视机、录像机以及相应的教学软件等。

⑤ 综合操作媒体：计算机多媒体教学系统、程序教学机、学习反应分析机以及相应的教学软件等。

总之，音乐教学中情境的创设对于丰富学生的情感体验，培养学生对生活的积极态度，培养学生音乐学习的兴趣，使学生树立终身学习音乐的意识以及提高音乐审美能力、陶冶高尚的情操很有帮助。总之，教师在教学中要充分挖掘创设情境的因素，利用现代化的教学设备，创设帮助学生感知音乐、理解音乐、表现音乐、创造音乐和享受音乐的情境，使学生在音乐课上充分参与到教学活动中去，使学生的各方面都得到良好的发展。

参考文献

［1］中华人民共和国教育部.全日制义务教育音乐课程标准（实验稿）［M］.北京：北京师范大学出版社，2001.

［2］朱则平，廖应文.音乐课程标准解读［M］.武汉：长江文艺出版社，2002.

［3］滕守尧.中外综合式艺术教育一百例［M］.西安：陕西师范大学出版社，2002.

［4］张祖春，王祖琴.基础教育课程改革简明读本［M］.武汉：华中师范大学出版社，2002.

［5］冯克诚，刘以林.愉快的教学情境和环境创置［M］.北京：中国少年儿童出版社，1996.

［6］陈琪.音乐电化教学模式初探［A］.中国音乐教育杂志社.第一、二届全国音乐教育获奖论文精选［M］.北京：人民音乐出版社，2003.

［7］张奇.儿童审美心理发展与教育［M］.北京：北京师范大学出版社，2000.

［8］吴文漪.思维情感与音乐教学［M］.北京：北京科学技术出版社，2002.

小学音乐课堂有效教学的影响因素与策略分析

——基于《义务教育音乐课程标准（2011年版）》的研究

　　小学音乐课堂有效教学是指在小学音乐课堂教学中"教师遵循教学活动的客观规律，以尽可能少的人力和物力投入，取得尽可能多的教学效果，从而实现特定的教学目标，满足社会和个人的教育价值需求"。它是一种有效果、有效率和有效益的教学，具有以学生发展为本的教学目标、预设与生成的辩证统一、教学的有效知识量高、教学生态的和谐平衡等本质特征。

　　《义务教育音乐课程标准（2011年版）》（以下简称"课程标准"）发布以来，全国小学音乐教师针对新课标中的要求，明确了在音乐教学活动中要以学生的感受和能力为基准，培养小学生优秀的音乐素养。标准确定了音乐课"以音乐审美为核心，以兴趣爱好为动力；强调音乐实践，鼓励音乐创造；突出音乐特点，关注学科综合；弘扬民族音乐，理解音乐文化多样性；面向全体学生，注重个性发展"的课程理念，实际就是追求有效的音乐教学。那么，如何构建小学音乐课程的教学质量监控体系？如何实现小学音乐课程的有效教学呢？

一、小学音乐教学低效的表现

（一）忽视学生主体地位，主导作用发挥不当

部分教师课前准备非常充分，认真研究教学内容，精心设计三维教学目标，认真制作必要的教具、课件等，但在课堂现场却明显感觉效率不高。

教师在备课环节对于教学内容、方法准备很多，这是必要的，但是不能忽视学生的特点和学生的学习准备，没有针对学情的准备就很难在教学中充分调动学生的学习积极性，学生的主体性发挥不够，虽然有丰富的教学媒体演示和操作，但是师生之间缺乏有效的互动交流，造成在音乐课堂中出现教师按照既定设计流程，牵着学生鼻子走，学生被动参与的现象。仅仅解决了教师怎么教却没有解决学生怎么学，只重视教学形式的丰富，却轻视了作为学习主体的学生的学习准备，是小学音乐课堂教学低效的首要表现。

（二）忽视音乐学科的本质，教学设计生搬硬套

音乐是听觉的艺术，学生主要通过听觉活动感受与体验音乐，在演唱、演奏、创编、听赏等音乐实践活动中来感知音乐的魅力，加深对音乐的理解，进而增强学生对音乐的体验、表现和创造能力。但在实际教学中很多教师在教学设计中就迷失了方向，忽略了音乐学科的本质特征，如只重视情感、态度、价值观的培养，轻视作为学习音乐工具的知识技能的教学；重视教学形式和方法的多样性，轻视音乐本体内容的学习；重视多媒体课件的制作、演示和操作，却轻视师生之间的互动交流等。作为音乐教师，我们必须认识到，基础教育中任何一门课程都是以其学科特征作为其存在的支撑点，也就是说，音乐课必须符合音乐特征和音乐教育规律，以音乐为载体，这才是正确实施音乐课程教学的基础。

（三）启发性原则贯彻不够，教学交流直白乏味

高质量的教学交流是有效教学的必然要求，通过教师的有效发问，

启迪学生积极思考，从而使学生理解现象的本质与规律，促进学生掌握知识技能，发展各种能力。但是经常听到有的教师在课堂上提出一些意义不大、启发性不强，甚至是浪费时间的问题。低层次、流于形式的提问不仅造成课堂时间的严重浪费，也让学生回答问题缺乏思考，影响学生正确思维方法的形成，降低了师生教学交流的质量和音乐课学习的层次。

（四）课堂教学气氛沉闷，教学活动安排不合理

高效的小学音乐教学应当是灵动、愉悦、轻松的，既严肃又活泼，无论是唱歌、欣赏还是音乐实践活动，都有它合理的教学活动安排，力求做到动静交替，劳逸结合。

很多教师在进行教学设计时，课堂结构的设计不重视学生实际和歌曲的情绪，学生呈现出被动学习的状态，教学过程只关注知识技能的训练，不重视音乐的情感体验，学生缺乏参与体验和实践，课堂呈现出沉闷、消极的氛围，教学效率不高。

（五）唱歌活动教师放不开，夹杂太多其他活动

在课程标准的"实施建议"中说："演唱歌曲是中小学音乐教学的基本内容，也是学生最易于接受和乐于参与的音乐表现形式。"并且明确指出唱歌教学时间应占全部音乐教学用时的2/3，这充分说明了在小学音乐课堂教学中，演唱教学占有特别重要的地位，是其核心部分。而在实际教学中，部分教师的唱歌课只注重形式的呈现，拓展环节太长，喧宾夺主，活动做了一大堆，歌却没有唱会，唱歌课上成了表演课、节奏课或者乐理知识课，教师过多的知识性讲解，不仅枯燥乏味，也没有充分满足学生的歌唱欲望，学生没有充分的时间进行演唱实践，导致整体教学效能低下。

（六）信息技术使用目的不明确，形式化倾向比较明显

在音乐教学中，多媒体素材的使用能够更为直观、生动地表达音乐情感，同时激发学生与音乐产生情感共鸣，帮助学生更好地理解音乐，达到事半功倍的效果。

但在教学中，存在大量信息技术使用不当的现象，如有的教师使用课件无视教学目标的达成，盲目地使用课件；还有的教师为了让学生更好地理解音乐，把音乐表现的所有场景花大量的时间制作出来；更有一些教师，信息技术应用能力并不高，却为了赶时髦使用，造成画面不美、音质差的现象。这样使用课件，使得信息技术手段没有真正起到帮助学生理解音乐的作用，却分散了学生的注意力，限制了学生的想象，关注了视觉画面，却忽略了听觉体验，音乐课堂做了与音乐无关的事，造成了音乐课堂的低效。

二、小学音乐教学低效的原因

（一）偏离音乐课程基本理念，学生学习主体地位尊重不够

音乐是声音的艺术，音乐课必须以音响为载体，小学音乐教师在课堂中必须运用更多的手段让学生聚焦音乐，提供充分的聆听音乐的机会，调动情感、唤醒情绪，让学生投入感受和体验音乐之美的活动中，这是正确实施音乐课程教学的基础，离开音乐的特性来谈音乐课程的实施纯属空谈。

音乐教学要注意发挥教师主导作用和学生主体地位，为学生创设民主、和谐的教学环境，使学生变被动为主动，乐于学习。但很多教师往往还是片面强调教师行为的权威性和代表性，学生学习的积极性、主动性没有得到充分调动，最终导致整个课堂教学的低效。

（二）教学过程模式单一，过于强调知识技能的训练

教师在教学过程中，课堂结构死板，授课模式单一，使得课堂气氛沉闷、消极，加上教学环节中师生之间缺乏有效的互动交流，教师按照教学设计的流程牵着学生的鼻子走，学生无法积极主动地参与和体验，许多学生自己能够完成的活动都由教师包办代替了，使得音乐课堂变成了教师表演的舞台，学生变成了观众。

另外，课程标准中明确指出知识和技能是学习音乐的重要工具，教学中更不能忽视，但在实际教学中，许多教师却走向另一个极端，那就是在

课堂上一味强调音乐知识的系统传授、概念的记忆和背诵，一味强调音乐技能的机械训练和反复操作，以掌握知识和技能为最高教学目标，而忽略了对音乐本体的体验学习，忽略了对音乐的表现与鉴赏，使得音乐课堂变成了枯燥机械的理论学习课堂。

（三）专业素养及教学能力欠缺，教学评价过于单一

良好的专业素养是顺利实施课堂教学的前提条件，而作为小学音乐教师，其音乐专业素养是建立在音乐专业的基本功之上的，包括较强的视唱、听音、编曲、演唱、演奏、表演、指挥的能力，以及高尚的审美情趣、良好审美修养和音乐鉴赏水平等。只有有了这些必备的素养，教师才能在音乐课上做到游刃有余。而音乐专业基本功差、缺乏音乐专业基本素养的教师，则无法满足学生较高的求知欲和表现欲，直接的后果就是课堂的低效甚至无效。

除了缺乏专业素养外，教学能力欠缺也是音乐课堂教学质量不高的原因。首先，教学设计能力缺乏，教学设计方法陈旧，教学模式单一，无法让学生从中获得美的熏陶。其次，教师亲和力不够，课堂上不尊重学生，课堂缺少民主平等的氛围。再次，组织教学能力欠佳，组织教学形式单一，学生学习消极应付。最后，课堂调控能力有待加强，教师缺少课堂教学生成能力，音乐课堂缺乏品质。

另外，教师对学生音乐素养的评价方式、评价主体、评价内容过于单一，只重视教师对学生的评价，忽略了学生自评、互评，课堂上只重视问题的答案是否正确，忽略了对学生情感态度、学习过程、学习能力的评价，甚至直接采用笔试这样的方式评价学生的音乐素养，这样的评价不仅不利于学生建立自信心，也不利于教学效果的达成。

三、实现小学音乐有效教学的策略

（一）做好学情分析，精心设计教学目标

音乐课三维目标的设置应该全面反映课程标准的要求，符合教材内容

的特点，符合学生年龄段特点与认知规律，同时要注意设置的目标必须面向全体学生，使大家经过努力都能达到。

音乐是听觉的艺术，也是情感的艺术，音乐课教学目标的确定要以音响为载体，将知识和技能的学习、情感态度、价值观的培养、学习方法的指导与各项实践活动紧密结合起来，通过音乐艺术挖掘学生对音乐情感表达的理解能力，并在此过程中，有机渗透思想品德教育。

同时，教师还应该注意教学目标的设置必须具体、明确地描述学生的行为变化，把握行为变化程度的最低要求。不仅三维教学目标设计要合理，还应注意到音乐课程教学本身的特点，注重引导学生在实践中感受，体现学生的主体性。

（二）遵循音乐本质，科学选择教学内容

音乐课堂教学要遵循音乐的本质，符合学生接受音乐的规律。创设不同的情境让学生多听音乐，只有让学生通过反复聆听的方式熟悉它，才能让他们理解音乐作品所表达的情感。除此之外，教师还应引导学生带着问题有针对性地聆听，这样既能培养学生良好的倾听习惯，也体现了课程标准中的让学生自主学习的理念。在唱歌教学中，教师需要把握的教学主线是把歌唱好。要围绕唱好歌设计各种音乐实践活动。

教材里的教学内容是小学音乐课堂教学的主体，但教材是面对更广大范围内的学生，并没有考虑学校及学生的实际情况，所以在教学内容的选择上，教师要针对校情和学情，依据课程标准的规定和要求，创造性地对教材内容适当增加和删减，以求达到教学效果的最优化。

课程标准描述的音乐课程基本理念是"以音乐审美为核心"，音乐教师还要尽可能多地利用时间去听赏所选取的教学内容，发现和挖掘音乐的审美因素，将其作为教学的重点，帮助学生发现这些教学重点中蕴含的独特的音乐之美，以形成自己独到的审美见解。

（三）坚持和谐民主，合理优化教学过程

音乐教学的课堂结构一定要有动静结合的乐段式结构，使学生在音乐

课堂上既有安静的学习音乐的过程，在静静聆听中感知歌（乐）曲音乐要素的特点，也有从板凳上解放出来充分感受音乐的体验，能在各种音乐实践活动中感受体验诸要素在音乐表现中的作用，避免了"满堂灌"的沉闷课堂。

艺术教育离不开实践活动，体验式的学习是音乐学习的重要方法之一，教师要为学生创设更多的审美体验的实践机会，在师生共同参与体验的过程中、在趣味化的音乐实践活动中，教学重点得以突出，教学难点得以突破，"双基"在审美体验中得到渗透，在潜移默化中提升审美水平。

良好的师生关系是进行正常教学活动、提高教学效率的保证，对学生健全人格、社会性发展也有着重要的作用。课程标准在教学建议中指出，教师应在教学过程中建立民主、平等的师生关系。教师应尊重学生的个体差异，在课堂中注意倾听学生的发言，对于学生的独到见解要给予表扬，意见不完善给予补充，错误看法及时纠正。努力营造师生平等的人际关系，积极主动做学生的朋友，让学生的个性得以充分自由发展。

在教学活动中，教师应巧妙地创设情境，激发学生参与的兴趣，为学生进一步学习营造良好的课堂氛围，在课堂上引导学生有效参与教学，加强师生之间的互动。在教学方法上，教师要打破单一的授课模式，利用一切手段，充分激发学生学习音乐的兴趣，建立自主学习、小组合作、全员参与等多层次教学组织形式，促进学生主动学习。

（四）坚持学生中心，突出师生教学互动

课堂问答是课堂教学过程中必要的教学手段，学生通过教师提出的问题展开思考，教师通过提问引导学生学习新知，并通过学生的回答把握教学效果。教师所提的问题应具有目的性，这就要求教师备课时认真吃透教材，充分了解学情，精心设计提问，做到化大为小、层层递进、重点突出。

另外，音乐课程的又一基本理念是"面向全体学生，注重个性发展"，因此，在选择学生回答问题时，教师要因人施问，也就是针对不同

程度的学生提出不同层次的问题，以使每个学生在音乐学习中都能体验成功，享受快乐。

（五）建立评价体系，评价融入教学过程

课程标准明确指出应将评价融进教学的全过程，使"形成性评价与终结性评价相结合，定性述评与定量测评相结合，自评、互评及他评相结合"，形成和谐融洽的评价氛围。它强调评价主体的多元化，引导学生之间开展相互评价，运用描述性的、富有情感的语言，关注学生的学习过程，对学生的音乐能力和人文素养做出肯定性的评价，同时在评价过程中也要兼顾学生的个体差异性。

音乐考核主要通过"音乐成长记录册""音乐课堂评价记录表""班级音乐会""自我描述"等形式进行，用小组合作的方式来完成考试，让学生在考试中体验成功。

参考文献

［1］张璐.略论有效教学的标准［J］.教育理论与实践，2000（11）：37–40.

［2］中华人民共和国教育部.义务教育音乐课程标准（2011年版）［M］.北京：北京师范大学出版社，2012.

［3］钟启泉，崔允漷，张华.为了中华民族的复兴，为了每个学生的发展：《基础教育课程改革纲要（试行）》解读［M］.上海：华东师范大学出版社，2001.

［4］高慎英，刘良华.有效教学论［M］.广州：广东教育出版社，2004.

［5］D.鲍里奇.有效教学方法［M］.4版.南京：江苏教育出版社，2002.

小学音乐唱歌教学策略研究

音乐课是人文学科的一个重要领域，是实施美育的主要途径之一，是基础教育阶段的一门必修课。音乐课的教学过程就是音乐艺术的实践课程，而唱歌是学习音乐的基础，唱歌教学是音乐课程四大领域之一"表现"领域中的一项内容，应该占据了音乐教学内容的80%，实施好唱歌教学，是一件很有意义的事情。

我国著名的音乐教育家吴斌总结了唱歌教学九字方针："唱会歌、唱好歌、会唱歌"。唱会歌是一个人的本能，多聆听就会了，如幼儿园的小朋友会唱很难的流行歌曲，主要是靠聆听来熟悉旋律；我们的教学重点是唱好歌，学生能用正确的发声方法、恰当的情感来演唱表现歌曲。唱歌教学的主要目标可以总结为六个字，即"好乐感、好声音"，如果通过我们的唱歌教学，能培养学生好的乐感和好的声音，唱歌教学价值就充分体现出来了。而通过唱好歌，最终要达到会唱歌的目的。唱歌教学应当注意哪些事项呢？

一、简便快捷学会歌曲

唱好歌的基础是唱会歌，学唱歌曲有多种方法，常用的有教唱法、听唱法、视唱法。教唱法是教师教一句，学生唱一句；听唱法是通过多次的聆听学唱歌曲；视唱法即通过视唱曲谱掌握音调后学唱歌曲。每种方法各有优缺点：教唱法比较机械，你教一句我唱一句，容易让人厌倦；听唱法能让学生在有趣的活动中学会歌曲，但容易让学生关注活动，离开音乐本体，有可能出现热热闹闹表演、平平淡淡唱歌的现象；而视唱法较为枯燥，也有一定的难度，容易让人望而生畏。所以，学唱歌曲没有固定的方法，综合选择学生最喜欢、最快捷、最灵活的方式让学生学会歌曲。

低年级的学生可以在律动、表演活动中听唱歌曲；高年级的学生根据读谱能力，适当采用视唱法学会歌曲。不论是高年级还是低年级的学生，遇到歌曲的难点时，在加强聆听的基础上都要适当地教唱歌曲。另外，把难点提出来，课前进行发声练习、节奏练习也有助于突破难点。

二、围绕唱好歌设计教学重点

唱会歌不是唱歌课的重点，唱歌课就是要唱好歌，唱好歌的标准是什么？正确的唱歌姿势、自信地演唱、积极地参与，演唱时情感的表达、咬字吐词的准确，表情的投入、节奏的掌握、速度和力度的处理、演唱形式的变化等，都需要在教学中关注。这些综合起来，就是歌唱的技能。歌唱技能是音乐学科知识能力目标很重要的一项内容，而且很多技能都是需要长期的训练。通过唱歌教学，抓准每首歌训练的重点，比如咬字吐词、跳跃的节奏、连贯的旋律、休止符的表现、拖音的演唱等，使学生的声音在教师的指导下不断进步。这才是抓住重点的唱歌教学。

新课改后，属于"技能"的内容都在教学中淡化了，在唱歌教学中教师更愿意采用不同的形式来表现歌曲，而较少关注学生的声音表现。而声音表现恰恰是歌唱教学中最重要的内容，"在游泳中学游泳"，学生的歌唱技能也只有在教师细致的指导下、在每节唱歌课的歌曲表现中得到锻炼，才能逐步提高，否则学生通过唱歌课学到的可能也只是几首下课后就不会再唱的歌曲，这样的唱歌教学效果就要大打折扣了。因此，重视歌唱技能的训练在唱歌课中是极其重要的。

如果唱歌课从一年级开始就重视歌唱技能的培养，学生小学毕业时，对于歌曲的演唱表现能力一定会超出我们的想象。为此，教师要坚持朝着

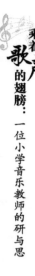

以"提高学生学唱表现技能"为主体的唱歌教学总方向而努力。

三、重视方式方法的采用

在强调歌唱技能培养的同时，教师还应当注意方式方法的使用。在现在的唱歌教学中，指导学生唱好歌曲也存在一些问题，即在指导学生唱好歌曲中，仅机械地要求学生哪里唱得强、哪里唱得弱，哪里应该唱得连贯，哪里应该唱得有弹性，而教师往往没有具体的有效的方式指导学生如何做到，达到教师想要的演唱效果。教师要利用学生的生活经验，用形象的比喻，引导学生唱好歌曲，一步一步达到演唱表现的艺术境界。指导学生唱好歌曲，与指导合唱队教学是一样的，一遍又一遍地练习，直到学生达到教师的要求。另外，教学方式方法的采用还需要根据学生年龄特点、认知能力以及已经掌握的技能来选择。

四、利用歌曲素材适度进行拓展

在完成唱歌教学目标的同时，歌曲中所蕴含的教学资源还是不能忽视的。同为演唱歌曲，但歌曲又有许多不同，有的节奏鲜明适合律动表现，有的旋律简单有利于视读乐谱，有的是为知识点的学习专门安排，等等。我们现在使用的湖南文艺出版社的教材就把教师在实践中发现的歌曲特点，从不同方面做了一定的分类，如要求演唱的歌曲分为音乐游戏、律动、歌唱表演。但许多演唱教学选用的曲目有许多可以利用的教学资源，适度进行拓展，可以有效地发挥歌曲的作用，进行音乐知识的学习和节奏感的培养，教师在教学设计时应根据歌曲的特点找到唱歌教学的重点以及拓展的内容。

比如，三年级上册的《音乐与我同行》是一首典型的二声部轮唱歌曲，因为两个声部的演唱完全相同，演唱的难度并不大，但如果和《多年以前》这首歌在一节课内一起完成是不可能的。《多年以前》也是一首二声部歌曲，如果将其作为一个内容一节课单独完成，内容又太单薄了一点，根据歌曲旋律简单的特点，教师增加了读谱唱歌的内容，学生虽然没学过附点四分音符，但通过多次的聆听，附点音符的演唱也会变得很容易掌握，利于二声部轮唱的掌握。这样利用唱歌教学的内容，除了实现了二声部轮唱的教学目标，也培养了学生读谱的能力，极大地发挥了教材的价值。

又如，四三拍子的歌曲强弱规律是比较难掌握的，我们在一些成年人参与的演出场合都能看到，台上本来唱的是三拍子歌曲，台下的观众和着拍子拍手的时候还有按两拍子的规律来拍的，这也正说明四三拍子是教学的难点，所以，只要学习四三拍子的歌曲，我一般都会增加这个感受表现四三拍的要求，唱歌要把四三拍子的起伏唱出来，这也是唱歌技能的一个方面，而且没脱离唱好歌的要求。

而二年级下册的《多快乐呀多幸福》是一首藏族儿歌，歌曲很明快，而且藏族也是一个能歌善舞的民族，这首歌特别适合边唱边表演，加入简单的藏族舞蹈的动作来表现歌曲，渗透一些藏族文化的元素，也符合课程标准里提出的"弘扬民族音乐，理解音乐文化多样性"的理念。

但是在进行教学设计的时候，我们要明确所有的形式都是为目标服务的，不能只关注形式而失去了唱歌的根本，很多课堂看起来热热闹闹，快快乐乐，但学生歌曲都唱不清楚，唱错的也不纠正，这又能为唱好歌带来多大的好处呢？

五、创设情境，让学生富有感情地歌唱

日本的音乐教育家高萩保治先生在他的《音乐学科教学法概论》中谈道：歌唱教学不应该仅仅停留在表面上教会学生唱唱歌，而应该使每一个学生产生各种不相同的、属于他们自己的、各种各样的"感动""动情"，这才是对音乐教育的正确理解，也符合课程标准中提出的"以音乐审美为核心"的理念。根据学生的生活经验创设能激发学生情感的音乐情境，让学生因体验而感动，设计的教学活动让学生因动情而表现。

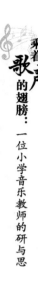

比如，一年级上册的《牧童谣》一课的教学，教师把歌曲所表达的生活中的场景用生动的语言描述出来：太阳暖暖地照在身上，好舒服啊，牛儿在青青的草地上吃草，肚儿吃得饱饱的，好开心哪！好朋友也在对面山上放牧，我们一起用歌声来跟他打招呼吧！在教唱中，教师鼓励学生用热情的声音和表情来演唱这首歌。

又如，三年级上册《每当我走过老师窗前》是我们学校广播站每天早上上学的时候播放的歌曲，孩子们通过两年多的聆听已经很熟练地掌握了歌曲的音调，但仅仅停留在"唱会歌"的层面上，虽然这首歌在教材中安排了"欣赏与跟唱"的要求，但是学生很喜欢唱，利用他们的喜欢，笔者创设了这样的情境：选一个大家都喜欢的老师，用夸张的语气表达："你们大家9点多都睡觉了，可是老师的家里深夜还亮着灯，为你们批阅作业、写教案，如果老师就在你眼前，你想对他说什么？能不能用你们深情的歌声演唱出来呢？"这时候提醒第一乐段深情的演唱可以稍弱一点，就像是怕惊扰了老师工作；第二乐段应该是饱含深情激动地演唱，当着老师的面诉说"心中激荡的"感情。

情境创设是在很多课堂的导入部分常用的方法，把教学内容里的情境内容挖掘出来，或者用语言，或者用图像，或者用发声练习，或者节奏练习，等等，以达到激趣的目的，也能帮助学生理解音乐形象，更好地表现歌曲。教师在使用这个方法时要注意一定不能脱离音乐本体，不能为创设情境而创设情境。

六、民歌的学习要重视方法

人文性是课程标准强调的音乐课程性质之一，它在课程标准里这样表述：音乐是文化的重要组成部分，是人类宝贵的精神文化遗产和智慧结晶。无论从文化中的音乐，还是从音乐中的文化视角出发，音乐课程中的艺术作品和音乐活动，皆注入了不同文化身份的创作者、表演者、传播者和参与者的思想情感和文化主张，是不同国家、不同民族、不同时代文化发展脉络以及民族性格、民族情感和民族精神的展现,具有鲜明而深刻的人文性。

音乐是文化的载体,是文化的主要表现形式,而民族音乐更是民族文化的一个有机组成部分。而民歌、戏曲和国外歌曲的学习是凸显人文性的重要方式,但由于文化背景不同、语言环境不同,既带来了音乐风格的迥异,也带来了教学的困难。有些有代表性的民歌、戏曲或外国歌曲,学生就是不喜欢听,更不喜欢唱,但到了中高年级,这样的题材越来越多,如果不能采用正确的方式学习,学生就会厌倦,最终达不到"弘扬民族音乐,理解音乐文化多样性"的目标。

在进行这一类歌曲的教学时,教师将歌曲置于民族文化背景下进行,可以拓宽学生的艺术视野,促进学生对音乐的体验与感受。

比如,在学习三年级上册《乃哟乃》的时候,《乃哟乃》是一首土家族歌曲,教师可以带领学生了解一下当地的风俗,欣赏一支摆手舞,使学生真正理解歌词"跳起舞来真快乐"的情景,对用快乐、自然的声音唱好这首歌是很有帮助的。

又如,在学习四年级上册《我的家乡日喀则》时将歌曲的学习置于藏民族文化背景下进行,引导学生欣赏藏民族的舞蹈,或跳跳踢踏舞,都是不错的选择。

当然,在欣赏教学中,民族民间音乐、戏曲、外国音乐等的内容更丰富,因此,更需要教师们挖掘其中的音乐元素,将相关文化和音乐本体有机地结合起来,使音乐教学不仅仅是追求学科本位,强调专业技能的音乐学习,还能使学生感知相关文化,有利于学生音乐文化素质的提高。

七、解读作品需用心

为了更好地开展音乐教学,对音乐作品的解读尤为重要。教师要认真阅读和学习教材和教学参考上的内容,对作品要花时间去聆听、去歌唱。不管是唱歌教学还是欣赏教学,用心解读是每个音乐教师都必须做的事

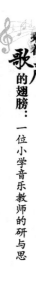

情。只有教师充分理解了音乐作品，才能更好地实施教学。

　　教材只给了大家一首歌，但新课程给了教师很大的权力组织教材取舍，教参中给大家提出了很多易于操作的建议，教师可以发挥自己的主观能动性，根据每首歌曲的特点，围绕唱好歌来设计教学，有侧重地进行唱歌训练。唱歌教学的重点不在唱会歌曲，而应该放在指导学生唱好歌曲上，并用更艺术的形式表现歌曲。表现好歌曲的重点不在于采取多种演唱形式，或过多地采取非声音表现的方式，应以声音表现为主，其他形式作为辅助手段，不能哗众取宠，更不能喧宾夺主。在唱歌教学中，教师应用好的声音和多种演唱形式将演唱表现引向深入，实实在在地指导学生用自己的声音表现出来。

参考文献

　［1］中华人民共和国教育部.义务教育音乐课程标准（2001年版）　　　　［M］.北京：北京师范大学出版社，2001.

　［2］吴斌.关注音乐［J］.中国音乐教育，2006（1）：14–19.

　［3］章连启.试论课程改革体制下的音乐知识技能观［J］.中国音乐　　　　教育，2004（4）：17–19，1.

循序渐进学合唱

——小学音乐课堂合唱教学策略

《义务教育音乐课程标准（2011年版）》中指出，要更加重视并着力加强合唱教学，使学生感受多声部音乐的丰富表现力，尽早积累与他人合作演唱的经验，培养集体意识及协调、合作能力，使他们在演唱表现中享受美的愉悦，接受美的熏陶。合唱教学是中小学音乐教育的一项重要内容，合唱活动的重要意义在于，使学生感受、体验多声部音乐的丰富表现力，并获得集体演唱的经验，从而培养集体意识及协调、合作能力。显而易见，多声部音乐较之单声部音乐具有不可比拟的丰富表现力。多声部和声感觉可以通过合唱、合奏的实践活动获得，而合唱教学是感受、体验这种多声部感觉的有效方式之一。合唱活动的另一个重要价值在于培养集体意识及协调、合作能力。当今社会生活证明，集体意识及协调、合作能力对于未来社会的发展、对于当代青少年整体素质的提高具有重大的现实意义，因而中小学歌唱教学要选用一定比例的合唱歌曲。教师在教学中要让学生唱好教材里面的合唱歌曲，在可能的情况下还可以适当增加合唱曲或为歌曲增配合唱声部。合唱练习要让学生养成注意听从指挥并对指挥做出正确、迅速反应的习惯，力求获得和谐与均衡的合唱声音。

一、音乐课堂开展合唱教学的策略

（一）合唱从聆听开始

音乐是声音的艺术，获得合唱歌曲的体验感受当然离不了聆听，而合唱歌曲要想唱好，也必须从听开始。为此，教师要带领学生做到以下几点。首先，要感受合唱歌曲丰富的和声效果，感受歌曲所表达的主题和情感因素，感受歌曲的情绪。其次，要会听辨不同的声部，把每一个声部都能从和声里找出来，建立一种立体的多声部的体验。最后，要体验不同声部的角色差异，从角色差异中，发现两个声部的声音效果的不同，进而通过学习来表达两个角色。比如，四年级上册的《西风的话》，我们必须让学生通过聆听，感受歌曲整体的和声效果，感受歌曲中"西风爷爷"对小朋友的慈爱和鼓励，感受抒情的情绪，还要能从丰富的和声效果里听辨出"西风爷爷"和"微风"两个声部的旋律，体验两个声部角色的差异带来的不同演唱效果："西风爷爷"是主唱声部，和蔼的声音娓娓道来，亲切的话语给予了小朋友殷切的期望，盼望孩子们长胖长高长大，学生演唱时声音要亲切柔和；第二声部是伴唱声部，犹如和煦的微风吹拂，演唱时声音要柔和，要比主唱声部力度稍弱。

（二）合唱从节奏合读开始

节奏合读，很多人也把它称为节奏合唱，它是指多声部的没有固定音高的节奏朗读活动，用不同节奏模仿动物的叫声或者大自然的各种声音，会使低年级的学生感到有趣而喜欢参加。同时，没有固定音高只有节奏也会降低合唱的难度，有利于培养学生的自信心。在节奏合唱中，多个声部按不同节奏唱读，能培养学生多声部感觉，培养学生互相聆听的习惯。例如，一年级下册第四课《农场的早晨》，用了二分音符、四分音符、八分音符模仿小羊、小鸭、小鸡的叫声，组成了三条节奏，营造了农场里的热闹景象。孩子们在读这些节奏的时候，不再是枯燥的"da""titi"的声音，而是农场里可爱的动物，在合读的时候不仅很感兴趣，还能建立多声部的节奏观念。

(三) 合唱从一个音或一个音组开始

从低年级开始，齐唱的歌曲在结尾的部分，或者一些演唱起来比较有特色的地方，教师可以加上一个音组，作为伴唱声部，这样初步让学生感受多声部的和声效果，难度不大，也容易唱好。小学第一首带合唱的歌曲是一年级上册第七课的《太阳》，它就是在每一句的结尾音加上了一个合唱的伴音，形成比较丰富的和声效果。因为只有一个音，加上可以用手势提醒音的高度，学生演唱起来就不会太难。在低年级教材中，这样的处理还有很多，如果教师落实了每一处的教材内容，学生的合唱能力必然能够得到提高。

(四) 合唱从固定伴奏开始

从低年级开始，齐唱的歌曲就可以加上短小的固定音组作为伴唱声部。在一首新歌学会后，教师在歌曲处理的时候，可以创编一至两小节音组，也可以直接在歌曲里面抽取象声词，为歌曲做固定伴奏，并可以加上形象的动作。例如，一年级下册第十一课《小雨沙沙》，可以用5550|的音高，"沙沙沙"的固定伴奏模仿下小雨来为歌曲伴唱，一年级上册第二课《听听谁在唱歌》、第四课《牵牛花当喇叭》，等等，都可以抽出歌曲里的象声词为歌曲伴唱。因为就是固定伴奏歌曲里的一两个小节，不需要另外再学习音调，并且一直在重复，因此也降低了合唱的难度。

(五) 合唱从轮唱开始

课程标准明确指出：合唱教学可从轮唱开始，逐步过渡到其他多声部合唱形式。轮唱是"卡农"（音乐谱曲技法）中一种比较简单的形式，它由一个或两三个声部先行，其他声部以一定时间距离和音程间隔随后跟进，并持续加以模仿。依次进入的各声部互相交织、叠置，构成此起彼伏的效果。学生需要唱好专门创作的轮唱歌曲，也可以选择适合轮唱的单声部歌曲进行练习，在选择时注意每一乐句之间音响的和谐，并不是所有的歌曲都适宜轮唱，选择不当只会造成音响的嘈杂和混乱。

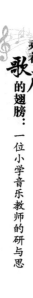

（六）合唱用柯尔文手势辅助

在合唱教学中，音准的训练是个很重要的问题。湘版音乐教材中使用了柯达伊（匈牙利作曲家）音乐教学法作为重要的音乐教学法之一，它对于学生音准的训练有独到之处。"柯尔文手势"是柯达伊音乐教学法中的一个组成部分，是19世纪70年代由优翰·柯尔文（John Curwen）首创的，所以称为"柯尔文手势"。该手势借助七种不同手势和在身体前方不同的高低位置来代表七种不同的唱名，在空间把所唱音的高低关系体现出来，使抽象的音高关系变得直观、形象。它是教师和学生之间进行音高、音准调整、交流的一个身体语言形式。这种找音高的方法对学生掌握音准非常有用，尤其是在合唱教学中，两只手同时表示不同的声部效果较好。柯尔文手势能够很好地把音高的倾向以及特性形象地表示出来。

（七）合唱用课堂器乐辅助

器乐教学对学生的音准、节奏感、识谱及视唱能力的培养作用是已经有了定论的。有一个现象就能证明：在学校没有进行课堂器乐教学的情况下，那些在培训机构学习器乐的孩子，在合唱中更能够把握音准，唱好歌曲。因此，在课堂教学中开展器乐教学，是多多益善的。在合唱教学中，教师可以利用竖笛让学生自学识谱，也可以利用竖笛合奏曲谱，最后过渡到合唱歌曲，还可以在演唱的时候用竖笛为不同的声部伴奏，让两个声部跟着笛声走，犹如合唱有了一个拐棍，时间长了，一定会甩掉这个拐棍唱出动听的合唱歌曲。

（八）利用多种形式分声部学唱歌曲

在了解了多种合唱学习的方法后，到了小学中高年级乃至中学，教材中就会出现大量的合唱歌曲，在进行完整的合唱歌曲学习时，到底是先学高声部还是先学低声部，是每个学生两个声部都学还是只学一个声部，在一线教师的教学实践中，大家见仁见智，都有成功的范例，应该说没有硬性的规定，也没有哪种方法好哪种方法差的对比，这就需要教师根据歌曲的实际情况和学生合唱能力自己来选择了。但在分声部学习的时候，听唱法、教唱法、自学、小组群学、同桌互学交替使用，难点的地方重点教，容易的地方自己学或同伴互助，这样让学生不至于感到枯燥乏味而对合唱失去兴趣。

二、合唱教学中应该注意的问题

（一）区别音乐课堂教学的合唱和课外合唱社团的合唱

课堂教学的合唱教学是普及型的，面向的是全体学生，要求学生全员参与，培养学生合唱的基本演唱能力和歌唱的自信心，更多是培养他们能够享受美的愉悦，接受美的熏陶，教学时间是每周1～2课时，并且，不论小学也好，中学也好，教材上还有众多其他教学内容要完成，因此合唱课的教学时间很有限。合唱社团的合唱教学是提高型的，面向的是有一定歌唱基础和特长的学生，更倾向精英教育，还有演出任务，训练时间是每周2～5课时，并且是进行专门的、专业的合唱训练。由于两种合唱教学面对的对象不同，培养目标不同，因此在教学内容、教学目标以及教学方式上必然有许多差异。因此，音乐课堂教学要采用符合学生特点的、符合音乐学习规律的方法教授合唱，注意保护学生参与合唱活动的积极性。相反，教师如果割裂音乐整体艺术形象，进行反复枯燥的练习，就会使学生失去演唱的兴趣和积极性。

（二）加强歌唱技能的指导

虽然课堂内的音乐教学的主要任务是培养学生健康向上的审美观和整体音乐素养，但唱歌姿势、表情、呼吸、发声方法、咬字吐词、共鸣等是唱歌的必要基础。教师应该努力将这些技能的训练融入合唱艺术表现的活动过程，在表现音乐情感、塑造音乐艺术形象上下功夫，使表现音乐情感、塑造音乐形象与培养学生的演唱技能形成一种相辅相成的良性关系。

（三）注意轻声唱歌，避免大声喊唱

在教学中，教师要注意让学生轻声唱歌，避免大声喊唱。这样做的第一个原因是，少年儿童的发声器官细小嫩弱，容易受到损伤，但他们又

大多活泼好动，爱喊爱唱，自控能力比较差。在合唱教学中，教师应该关注、指导学生对嗓音的保护，特别是学生变声期间，如不注意保护，可能造成永久性的伤害。第二个是社会环境等原因，近年来儿童变声期有提前的趋势，教师要及时对相关年级学生进行变声期知识教育。第三个原因，也是最重要的原因，在合唱教学中，学生如果大声喊唱，必定会造成音调、节奏不准确，带来的结果就是合唱的歌声不和谐。因此，在唱歌教学及合唱教学中，教师要指导学生使用科学的歌唱方法，纠正不良的歌唱习惯；要指导学生用头声，注意控制歌唱的音量，多用轻声唱歌，及时制止大声喊唱。教材歌曲要采用适宜的音域，注意伴奏的音调。歌唱活动课穿插欣赏、器乐等教学，使学生的发声器官得到休息；要教育学生不要模仿成年人尤其是某些个性沙哑的喊叫式的歌唱方法。

（四）各声部旋律要熟练

在注意了发声方法之后，学生如果还是唱不准合唱的话，很重要的原因是对各声部的音调不够熟悉，仅仅会唱而不够熟的话，必定会跟着另一个声部跑，这就要求教师用不同的形式，来加强学生曲调的熟悉程度，这样更准确的合唱才能得到保证。但又要避免重复的、机械的、单调的训练，这需要教师在训练形式上下功夫。

（五）学习合唱一定要在整体的音响效果中进行

合唱教学不能为了降低难度把两个声部割裂开来进行学习，就是说，即使学生只学习其中一个声部，也一定要让学生对另一个声部多聆听熟悉，并且在单独演唱的时候，最好是在合唱的伴奏中演唱，让学生口中有自己的声部，耳中、心中还有另一个声部。这就是和声的横向性。学生要做到这一点，第一，要加强聆听，分别找出两个声部，在听觉上建立和声的听觉意识；第二，在合唱伴奏中要能跟唱自己的声部；第三，当另一个声部在演唱时，要默唱自己的声部。

（六）厘清脉络，用好教材，循序渐进，持之以恒

各个版本的教材经过专家和一线教师多年的开发、研究和实践，已经

形成了尊重学生认知规律的教材系统。细心的教师会发现，在合唱教学的循序渐进方面，我们现有的教材做得非常好，即使不补充合唱练习或者合唱歌曲，只要按照教材的进度认真完成教材任务，到了小学的中高年级和中学，合唱就已经不是难事了。因此，笔者建议大家把整个学段的教材都找到，把合唱教学的内容逐一熟悉，了解教材编写意图，对学生的合唱能力分阶段的培养做到心中有数，这样在教学中才会有的放矢，再加上按照学生的认知规律，循序渐进，持之以恒，一定能够突破这个长期以来都困扰着大家的音乐学科教学难点。

（七）尊重学情，查漏补缺

很多教师认为，我是从中间带的这些学生，或者我是初中的老师，原来的老师怎么样怎么样，小学的老师如何如何没落实，最后这都成了教师不认真对待合唱课的理由，也成了学生唱不好合唱歌曲的理由。笔者认为，作为教师，不管是自己从一年级带起，还是从中间接手，都需要俯下身子，了解学生情况，查漏补缺，在自己接手的这一段时间不给学生留下缺憾。增加一些培养学生合唱能力的练习，坚持下去，你的学生一定会在你的教育下，得到良好的训练和学习，提高演唱能力。当然，教师也不能揠苗助长，一定要尊重学情，适当降低难度，更重要的是要让学生在歌曲演唱时得到美的熏陶。

（八）认真备课

认真备课是一名教师必须完成的任务，但合唱课的备课要备什么？笔者在这里做一个提醒。

第一，必须备教材内容。备教材内容有两项：一是教师对每一首要教唱歌曲的两个声部都必须烂熟于胸，虽不至于要达到倒背如流，但绝对需要熟练有加，这样才可以随时范唱、随时指导、随时纠正错误，自己都唱不准怎么教好学生？光依赖音响来教学生是不行的；二是教师必须了解为什么这个单元安排这个内容，它在整个教材体系里是什么位置，教材的重难点是什么，等等。

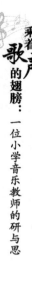

第二，必须备学情。因为生源不同，班风不同，前期教师不管是别的老师也好，自己也好，对合唱教学处理方式不同，造成所教的学生合唱能力有很大差异。因此，教师必须根据教材，针对学生的学情设置重难点和教学目标，做好预设和辅助练习。

第三，必须备教法。教师使用什么样的教法，主要还是基于对学情和教学内容的了解，太简单的内容可以适当提高难度，对于学生来说，太难的内容则需要降低难度，最终要达到的目标是在演唱中能力得到提高，性情得到陶冶，能享受音乐带来的美。

总之，合唱能力的培养不是一蹴而就的，需要教师按照课标要求循序渐进地开展训练，持之以恒方能取得成功。

把握音响特点　突出画面感

——描绘性标题音乐的欣赏教学策略

　　描绘性音乐的提法来自日本著名音乐教育家高萩保治所著《音乐学科教学法概论》，他是这样阐述的："所谓描绘性音乐，广义来说就是运用音乐来表现自然界、动物界、人类社会的各种故事、事物等，标题音乐用一个标题来表示音乐所描绘的事物，通常所说的描绘性音乐就是指标题音乐。"而标题音乐的提法则是由李斯特首创，用他的话来说，"标题音乐可以不再让欣赏者们随意猜测，以免与作曲家的原意不统一造成错误的理解；标题音乐在标题上已把含义做较明确的提示"。笔者认为，描绘性是标题音乐的重要特征，以下将以描绘性标题音乐来表述此类乐曲。

　　大体上，描绘性标题音乐可分为三类。第一类，乐曲中直接使用实际音响或者乐器模拟音响来表现标题中的事物。比如，安志顺创作的《鸭子拌嘴》，王宝灿、郝世勋整理的山西绛州鼓乐《滚核桃》，刘天华的《空山鸟语》，米夏艾利斯的《森林铁匠》，奥尔特的《在钟表店里》，安德森的《打字机》《调皮的小闹钟》等。这些作品在乐曲的音响中出现了鸭子的喧闹，鸟儿的鸣叫，核桃在屋顶、场院中滚落的声音，打铁的声音，钟表指针的转动声，闹铃声以及打字机键盘声，等等。第二类，不用模拟音响，不依靠声音效果，而是运用音乐本身来描写标题所示的事物。这一类器乐曲有贺绿汀的《牧童短笛》、娄树华的《渔舟唱晚》、耶赛尔的

《玩具兵进行曲》、圣·桑的《动物狂欢节》等。第三类，该类器乐曲是作曲家将人们对于事物的感受、情感和情绪用音乐表达出来，进而用音乐来表现某种故事或者情节等，它的描写重点在于情感的表达，而不是人类生活和自然现象的直接表现，李斯特的一系列交响诗就是属于这一类。

由于描绘性标题音乐有着形象鲜明、富有画面感以及一定的故事情节的特点，能够吸引小学生的注意力，对于培养小学生欣赏音乐的兴趣和养成聆听音乐的习惯能够起到很好的作用，适合小学生欣赏。因此，现行的小学音乐教材的欣赏教学内容，选取了大量的描绘性标题音乐。以上列举的器乐曲，基本上都成为教育部审定的义务教育课程标准小学音乐教材各个版本的必选曲目。那么，学生在欣赏这一类曲目的时候要怎么进行呢？下面，笔者以《调皮的小闹钟》为例，来说明在欣赏描绘性标题音乐时所要注意的事项。

一、熟听教材，把握乐曲的音响特点

描绘性标题音乐最典型的特点就是标题的指向性，在标题的引导下，欣赏者会自然地把标题内容与音乐的音响联系起来。因此作为教师，我们必须对所需要欣赏的乐曲对照音乐标题、作曲者提示以及乐谱文本进行反复聆听，发挥想象力，通过自己的联想获得音乐标题所包含的内容，把握音乐描述的形象、画面、故事情节等，并深入挖掘各音乐要素在音乐表现中的作用，以丰富乐曲的信息量和作品的内涵。

《调皮的小闹钟》是富有画面感的描绘性标题音乐，是美国著名作曲家、指挥家安德森由自己家出了毛病走走停停的小闹钟激发灵感创作而成。乐曲为C大调，4/4拍，中庸的快板，采用回旋曲式写成；使用了不同的打击乐器模拟小闹钟规则的、不规则的转动声、响铃声以及遭到毁坏的声音；在节奏特点上，则是以单调乏味的四分音符节奏和经常出现的装饰音以及切分节奏、附点节奏为特色，表现了小闹钟那种不安分的性格和诙谐幽默的情绪；在旋律行进上，则是很有规律的中音区平稳级加进偶尔出现的装饰音以及富有生机的八度大跳相结合，重点突出了小闹钟"调皮"的特点。

二、　分析学情，确定教学的重难点

描绘性标题音乐形象鲜明，除了音乐的描绘性和幻想性，更蕴含着丰富的音乐表现力。由于音乐中采用了一些模拟的音响或近似的音响，在乐曲的标题上也给予了提示，在欣赏这一类作品时，学生很容易停留在音乐所描绘的事物表面上，而离开了富有表现力的音乐本身，听音乐则成了讲故事、画图画。为了引导学生关注音乐音响，感受音乐的丰富表现力，分析学情、确定教学的重难点就成了教师上好此类欣赏课的重中之重了。

二年级下学期的学生，模仿力强，好奇心强，已经初步养成聆听音乐的习惯，在教师的引导下，能够关注到音乐的节奏、速度以及音的高低、强弱等的变化，感受到乐曲的情绪、情感等要素，并且具备一定的打击乐器简单伴奏的演奏技能，能够积极主动参与到表演表现等活动中。根据他们的年龄、心理特点，笔者确定本课的重点在于让学生感受音乐所描绘的小闹钟"调皮"的形象，体验轻松愉快的音乐情绪，难点在于对音乐结构的把握。

三、　创设情境，引导学生尽快进入音乐所描绘的世界

小学音乐欣赏内容一般依据单元情境主题选曲，描绘性标题音乐是紧密联系单元主题的重要内容。低年级学生在欣赏经验有限的情况下，需要教师利用单元主题和欣赏乐曲的标题，创设与音乐作品内容相关的情境，并和音乐要素相连，帮助学生理解各要素在音乐表现中的作用。情境创设有很多方法，如富有激情的导入语渲染情境、精彩纷呈的画面再现情境，甚至将学生带入与乐曲意境一致的现场来欣赏音乐，都是可以采用的方法。只是教师在创设情境时切勿过度渲染及再现过于真实，还要注意创设情境所用的素材要紧扣所教内容，在教学内容与学生原有经验之间架起"桥梁"，便于学生理解和掌握教学内容；在使用时机和方式上把握好

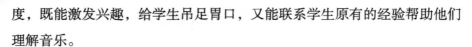

度，既能激发兴趣，给学生吊足胃口，又能联系学生原有的经验帮助他们理解音乐。

本课以谜底为"小闹钟"的谜语导入，将孩子们带入小闹钟的工作场景中，加上开展了律动体验、语言提示、图谱展现、打击乐器伴奏等活动，于是正常工作状态的小闹钟与有规则的四分音符、调皮的小闹钟与没有规则的切分音休止符、提醒起床的闹铃声与长音模拟闹铃的音响都产生了紧密的联系，展现了音乐与生活的有机联系，把生活经验音乐化，将音乐问题生活化，在生活和音乐之间架起了一座桥梁，帮助学生更好地理解音乐。

四、以听为本，开展丰富多彩的体验活动

描绘性标题音乐，因为标题和作曲家的乐曲提示已经对乐曲的内容有明确的指向性和规定性，如果再配以大量的故事讲解，那么势必会导致学生音乐感觉的"概念化"，一节音乐课会很容易变成一节故事课、语文课或者图画课，学生会关注到音乐之外的故事情节、唯美画面上，失去了音乐之"声音的艺术"这一本质的特征。因此，此类音乐的欣赏要以听为本，在聆听中开展丰富的音乐实践活动来体验音乐特点，让学生发挥自己的联想与想象，了解作曲家是如何通过音乐的手段去表现事物的。

这部短小精悍的作品的最大特点就是节奏和模拟音响。节奏是音乐诸多要素中最重要的基础性要素，用身体动作来把握节奏是切实有效的方法。学生通过身体动作和敲击节奏来欣赏音乐是一种近乎本能的自然状态，低年级学生对有规律的律动和节奏性敲击尤其具有浓厚的兴趣。因此在聆听《调皮的小闹钟》时，教师采用体态律动和打击乐来让学生体验音乐特点：双响筒有规律的强弱交替敲击和学生有规则的行走体验正常转动的闹钟，遇到切分节奏时重音踏脚和木鱼连击体验"调皮"的小闹钟，舒展的律动体验休闲惬意的状态，一声接一声的串铃击奏体验呼唤主人起床焦急的闹铃声，等等，使学生加深了对音乐的感受，并逐步了解音乐是如何表现的。

五、有效设问，让学生带着问题来聆听

《调皮的小闹钟》作为一首非常经典的描绘性标题音乐，对于丰富学生欣赏体验，积累欣赏经验有很重要的作用，因此，本曲需要教师引导学生细致倾听。聆听时，教师要注意抓住音乐要素有效设问，每一个问题都在聆听之前提出，让孩子们带着问题有针对性地听；每一个问题都处在课前创设的"调皮的小闹钟"情境中，让孩子们仿佛与小闹钟面对面交流；每一个问题都直接切入音乐要素，让学生抓住核心焦点去感受。问题的有效设置保障了教学目标的达成。

六、关注段落结构，运用图形谱和旋律线突破教学难点

在描绘性标题音乐中，起伏有致的曲式结构是形成音乐故事化、情节化、形象化的重要手段。对曲式结构的感知是对音乐作品整体轮廓的把握，以"整体到局部"的认知特征来看，曲式结构感知应放在认识、把握整个音乐作品的首要位置。在教学中，我们必须采用一些适合于小学生的方式和方法，引导学生关注乐曲的结构，从而能更好地把握乐曲结构，感受音乐的结构美、形象美。有意识地为歌（乐）划分段落是小学中高年级以上乃至中学生音乐学习的要求，在小学低年级，虽然没有明确的认知要求，但必须积累有关段落结构的感性认识以帮助学生理解音乐的美。图形谱和旋律线形象、直观，可以帮助学生在欣赏音乐时带来直观感受。

在《调皮的小闹钟》一曲的欣赏中，教师可以用旋律线引导学生了解旋律走向，用图形谱引导学生感受音乐的曲式结构，特别是结合音乐的主题"小闹钟"和音乐的特点，绘制不同的图形谱；先后三次重复出现的"A"段主体，可以绘制小闹钟形状的图形谱，休闲惬意的"B"段主题，可以绘制舒展的波浪线图形谱；八度大跳及长音呈现的"C"主题，可以绘制不断螺旋上升的斜线。教师还可以从图形谱的整体呈现中，让学生按照图形谱结合音乐结构，用"A""B""C"字母的卡片标注出三个

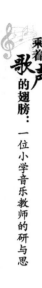

主题的位置，不仅能够让学生兴趣大发，还能够很好地将图形谱和学生自己的聆听体验结合起来，取得很好的效果。

另外，在欣赏描绘性标题音乐时，教师还可以在开始时不出示标题，让学生自己通过聆听和联想，关注乐曲的音乐特征，为乐曲拟定题目，之后再出示标题，根据标题的提示，要求学生再次聆听，对比两次聆听感受的差异，加深对乐曲的理解和认识。

总之，教师要利用描绘性标题音乐形象鲜明、指向明确、表现力丰富的特点，充分激发学生聆听、欣赏音乐的兴趣，养成聆听音乐的良好习惯，逐步积累欣赏音乐的经验；要用多种形式引导学生积极参与音乐体验，鼓励学生对所听的音乐有独到的感受和见解，帮助学生建立音乐与人生的密切联系，为学生终身学习和享受音乐奠定基础。

参考文献

［1］高萩保治.音乐学科教学法概论［M］.北京：人民音乐出版社，2006.

［2］敖华秀.音乐欣赏课因"三备"添彩：以《在钟表店里》教学为例［J］.福建教育，2016（9）：54–55.

［3］郭红霞.听、说、画、演：谈小学低年级学生音乐欣赏培养兴趣［J］.中小学音乐教育，2011（12）：31–32.

［4］戴清.小学音乐欣赏教学策略探索［J］.中小学音乐教育，2013（4）：12–15.

［5］人民教育出版社课程教材研究所，音乐课程教材研究开发中心.义务教育教科书·音乐　教师用书　二年级：下册［M］.北京：人民音乐出版社，2014.

通过器乐教学提高学生读谱视唱能力

识谱教学是小学音乐教学内容之一。识谱能力的提高，对学生感受音乐、理解音乐、表现音乐及创造音乐有着重要作用。多年来，小学音乐教育中的识谱教学问题一直是音乐教师普遍关注的问题，但传统音乐教学因缺少器乐教学，使得音乐这门听觉艺术课难以获得丰富的实际音响，缺乏听觉训练和行之有效的读谱训练，从而使学生的音乐素质难以提高。有时在教学过程中即使出现读谱、听音等基本素质训练，也往往显得枯燥乏味，学生缺乏快乐感，因而难以收到预期的效果。

新课程改革后，音乐课程标准中明确规定要将器乐教学引进音乐课堂。在开展器乐教学后，笔者发现器乐教学可以提高学生读谱视唱能力，并通过教学研究和实践，逐步摸索出了一条既适合个人教学实际又可推广的通过器乐教学提高学生读谱视唱能力的路子。

一、激发学生兴趣

学生学习新事物的动力来源于对所学对象的兴趣。若是学生对识谱教学难以理解和把握，产生畏难情绪，就会失去对识谱教学的兴趣而不利于教学。所以在教学各个环节的设计中，教师要注意把握学生的年龄特点，处处体现寓教于乐这一教学原则，充分激发学生兴趣，开展好识谱教学。例如，分散教学难点，降低教学要求，结合识谱教学设计各种不同形式的练习曲，组织音乐游戏，发现学生有所进步及时鼓励，等等，都是能激发

学生兴趣且行之有效的方法。

二、把读谱视唱能力的培养与音乐其他活动结合起来

读谱视唱能力包括准确的音高概念、时值概念及对符号的认识三个方面。准确的音高概念包括唱名、音阶、音程、和弦，时值概念包括节拍、节奏，对符号的认识指读谱知识的学习。所以，教师不能把读谱视唱能力的培养孤立起来，而要和音乐的其他活动，如唱歌、听音、节拍、节奏训练、音乐知识的学习及音乐游戏等内容结合起来，其最佳方式是借助器乐教学来进行。

三、通过器乐教学学习读谱知识

传统音乐教学中读谱知识的教学是通过教师讲、学生看、嘴巴唱来完成的，而在乐器引进课堂后，学生的实践活动就多了演奏这一项。例如，在一年级，教师可以通过打击乐器的演奏，引导学生感知音有长短、强弱、高低等基础知识，也可以通过打击乐器的演奏练习，让学生掌握节奏的时值。在三年级，刚学乐器的学生可以用一个音吹节奏来练习反复记号的使用，如2/4 ××|× × ×‖，学生就可以用口琴吹do或任意一个音来练习，就成了1=C2/4 11|111|11|111‖。学生还可以通过乐器的吹奏认识do、re、mi、fa、sol、la、si等唱名，感受其音高，认识其在五线谱上的位置。三年级至五年级的学生可以通过乐器的吹奏来认识各种节奏的写法，练习其时值，也可以认识各种记号，如力度标记、速度标记、保持音、变化音等。通过器乐的演奏，学生在各种音响实践活动中，认识了读谱知识，掌握了它们的用法，为读谱视唱能力的培养奠定了基础。

四、培养学生正确的时值概念

音乐是时间的艺术，每一个节奏型、乐句、乐段都反映着音乐的时间性。因此，只有准确地表达每个音符、节奏型等的时值才能完美地表现音乐，在音乐教学中，培养学生正确的音乐时值概念是提高识谱能力的前提，而器乐教学则是培养学生正确的时值概念的有效手段之一。

（一）培养学生的节拍感

相同时值的强拍与弱拍有规律地循环出现叫节拍。音乐是以节拍来建立节奏的秩序的。

在低年级用节奏乐器来培养学生的节拍感，与常用的击拍法相配合。击拍法用双手击掌击强拍，用双手拍腿击弱拍，而用乐器演奏时则可以根据不同的乐器，选择不同的敲击方法来完成。如用三角铁演奏时，强拍时击三角铁，弱拍时，小棒在旁边空击一下；碰铃也可如此，而响板、木鱼等乐器则用强拍强击，弱拍弱击的方法来进行；铃鼓则用强拍拍鼓面，弱拍摇鼓身的方法。这样，在低年级，教师既可以用击拍法培养节拍感，也可以通过打击乐器培养节拍感。

到了中高年级，教师一般用划拍法来培养节拍感，但学生不可能一边划拍一边演奏，而要采用教师或一个同学划拍，大家边看指挥边唱歌或演奏乐器，进一步培养节拍感。

（二）培养学生的节奏感

将长短相同或不同的音，按一定规律组织起来，叫作节奏。培养学生的节奏感有利于提高其视谱能力。用乐器来进行节奏练习时，低年级用打击乐器来进行，边击边读"走""跑跑"等来念节奏，也可以用"da"来念节奏，既形象，又有实践，比较好掌握。高年级则用竖笛或口琴吹节奏来进行，如2/4 ×× | × × ×× | ×× | × — ‖，可以把吹竖笛的同学分成两组，用同样节奏同时吹三度或六度音程的上、下方音，此种方法既可以进行节奏训练，又可以进行合奏训练，既培养了节奏感，又培养了"多声部"观念。教师还可以设计一些有趣的练习来培养节奏感，如黑板上写几个音，写上拍号，却不给节奏，只给音高，让同学们填上符干符尾小节线组成不同的节奏，要求用竖笛正确地演奏出来，可以培养学生的创造思维能力。当然，这个练习是在学生积累了一定的节奏、节拍的体验和知识之

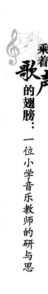

后才能进行。又如，教师还可以设计一些同音不同节奏的练习曲，通过让学生听辨、吹奏和唱出等方法，比较不同节奏的差异，解决一些节奏上的难点。比如，在学习切分节奏时，教师可以设计这样一个练习：

1=C 4／4

5 17 5｜65 43 2—‖

5 17. 5｜65 43 2—‖

通过用竖笛的演奏，比较切分节奏与附点节奏及不带切分、附点的节奏的差异，可以达到认识切分节奏"× × ×"的目的。

五、培养学生正确的音高概念

在旋律中，音与音的连接使两音之间产生了音程关系。视唱教学的音准训练实质上是培养学生掌握这些音程关系，要求学生能准确地唱出音与音的连接。由此可见，培养学生正确的音高概念不可能通过孤立地练习一个单音获得，而应该通过音与音的关系，即通过横的练习（先后出现的旋律音程）和纵的练习（同时出现的和声音程），才能在听觉上形成正确的音高概念。总之，通过器乐教学进行唱名、音阶、音程、和声的视唱、视奏、听唱、听奏练习，可以培养学生正确的音高概念。

音高概念的训练方法有许多，简单归纳有以下几种。

（1）视奏法：根据歌曲旋律，教师将出现次数比较多的或较难演唱的音程、音阶或和声板书出来，让学生视奏。学生视奏时，教师不要急于求成，可以先让其认出唱名，再在乐器上慢速边唱边摸一遍指法，最后再视奏。

（2）听奏法：根据歌曲旋律，教师以一小节为单位设计一些有趣的练习，自己吹一句，学生听一句。除完全模仿外，教师还可以做不同的变化。

例如，听教师演奏1=C 4/4 5342‖，学生吹相反的（逆行的）1=C 4/4 2435‖，或教师奏1=C 4/4 3565‖，学生吹某一节奏型的，如1=C 4/4 33 55

<u>66</u> 5 ‖ 等。

（3）视听奏结合法：这种方法对和声的训练更为有效。因学生多声部观念的建立需要较长时间，完全听奏不容易达到这个要求，这就需要视、听、奏三者结合，如可以进行下面的练习：

教师给三组音1=C 4/4

565– |565– |565– ‖

343– |323– |333– ‖

并板书在黑板上，学生先分组视奏，再合奏，然后由教师打乱顺序并用钢琴奏出，学生根据刚才视奏时得到的听觉上的印象听辨出是哪一组，再演奏出来，等等。

通过以上视奏、听奏、视听演奏相结合的训练方法，学生普遍在听觉上形成了牢固的音高概念。

综上所述，器乐教学无疑为提高学生读谱视唱能力打开了一扇宽敞的大门，我们相信：伴随器乐教学的逐步推进，必然能使学生最大限度地去领悟音乐之美。

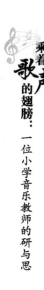
器乐教学培养学生创新实践能力的尝试

音乐学科是培养创新实践能力的重要学科，而作为音乐学科重要的实践活动之一的器乐教学，在发展学生创造性思维能力方面更是有着不可磨灭的功劳。

一、在低年级开展自制打击乐器活动，培养学生创新实践能力

小学低年级的学生会唱一些简单的歌曲，但缺乏音乐的基本知识和基本技能，对他们进行竖笛、口琴训练是很困难的，但他们却想象力丰富、爱动、爱玩，根据这个特点，在低年级可以进行打击乐器的训练。学校配有较为齐全的打击乐器，但却不能保证人手一个，为了在节奏训练时使全体学生都能参与，于是笔者发动大家在保证安全卫生的情况下利用废旧物品自制打击乐器。笔者在上课时布置他们回家后找一找可以发出好听的声音的物品，并想一想用什么方法去演奏更好。孩子们回家后，各想办法，自制了许多打击乐器。最常见的是易拉罐，孩子们发现，有三种易拉罐：大铝罐、大铁罐、小铁罐，由于材料和大小不同，它们发出的声音也不一样。其中小铁罐声音清脆最好听，大铝罐声音沙哑，孩子们认为不好听，大铁罐介于两者之间。而演奏的方法与部位不同，它们发出的声音也有区别。孩子们创造了敲击法，刮奏法，装豆封口摇动法、分敲罐身与罐底法。就这一种易拉罐，孩子们敲敲比比，就讨论出了多种演奏方法，还比

较出了音有高低、强弱之分，自制打击乐器充分调动了孩子们的积极性，增加了实践的体验，培养了想象力、创造力和动手操作能力。孩子们自制的比较成功的乐器有沙瓶（沙罐，硬塑料瓶或罐内装小豆，摇动发声）、刮梳（用小勺柄侧面刮质地较好的木梳梳齿）、铃棒［细长饮料瓶或粗木棍或竹棍，一头束几只小铃、瓶（棍）身相互敲击发出两种声音，也可摇动使铃响］，等等。

二、用打击乐器或口琴竖笛进行节奏创作，培养学生创新实践能力

在低年级进行器乐教学时教师要根据学生年龄小、知识技能掌握少的特点，对其进行节奏创作训练，可以用打击乐器、自制乐器击不同节奏或用口琴、竖笛吹固定音高进行节奏即兴应答游戏。如教师击：2/4 ××|×× ×|，生答：2/4 ×× ××|×-|；或教师击：2/4 ××|×× ×|，生答：2/4 ×××|× ×|；等等。教师还可以用这些乐器为歌曲配简单伴奏，如在演唱《划船》时，学生用不同乐器配伴奏，拿不同乐器的同学都可以自己缓配许多种不同的简单节奏来演奏，而拿铃棒的同学不仅编配了好听的节奏，还在敲击铃棒时，做各种动作，成为一个简单的律动；同时吹奏口琴、竖笛的同学在进行节奏训练时，还训练了双吐、三吐等吹奏方法。另外，除了用口琴、竖笛编配吹奏节奏外，还可分两三个声部来进行演奏，如一组吹sol，另一组吹do，初步建立多声部观念。而到了中高年级，教师则可以进行标题节奏训练，如表现小猫叫，有的学生击2/4 ×-|×-|是表现小猫叫，有的学生奏2/4 ×× ××|×× ××|是表现小猫跑，还有的学生吹2/4 × ×.|× ×.|是表现小猫找妈妈，等等。总之，通过这些训练使学生在实践中掌握了乐器演奏的基本技能，激发了学生的学习兴趣，调动了学生进行节奏创作的积极主动性，发展了创造性思维，培养了创新实践能力。

三、用乐器对歌曲、乐曲进行二度创作

器乐具有丰富的表现力。在教学中，在学唱一首歌或欣赏一首乐曲时，把歌（乐）曲的旋律或旋律片段抽出来，让学生用自己所学的乐器吹奏出来，让孩子们在吹奏时感受歌（乐）曲的情绪，把握歌（乐）曲所采用的表现方法，加深对歌（乐）曲的理解，再根据自己的理解，创造性地表现音乐。例如，在学习人教版音乐教材第六册《拍皮球》一课时，教师用皮球做道具，学生用口琴吹奏歌曲旋律，感受到了歌曲欢快的情绪。他们在吹奏中发现如果全曲用连音吹奏，就不能表现歌曲欢快的情绪，但都用断音吹奏，歌曲中"你拍拍，我拍拍，大家玩得多愉快"所表现的团结友爱的集体生活就无从体现。于是，学生这样处理："花皮球，真可爱，轻轻一拍就跳起来"用断首奏法，"你拍拍，我拍拍，大家玩得多愉快"用连音奏法，"嘭嗵嘭嗵，嘭嗵嘭嗵"用断音奏法，"大家玩得多愉快，多愉快"用连音奏法。一个学生还创造性地在歌曲结束小节休止时加了一个快速的琶音，使歌曲圆满结束。在讨论和吹奏中，学生们提高了对作品的理解能力，陶冶了情操，发展了创造性思维。

另外，在教学中，教师还可以准备一些学生不熟悉的歌曲旋律或教师自己创作的一些小练习曲，让学生们吹奏后给它取名，在吹奏中学生们发挥自己的想象力和创造力，取出了一个个与众不同而又非常贴切的名字。

四、用乐器进行旋律创作

在教学中，根据学生的年龄特点和掌握知识、技能的程度，用多种方法鼓励学生进行旋律创作，如旋律接龙游戏，教师给一个固定节奏吹旋律的上句，学生根据结束音即兴接相同节奏吹下句，可以一句一句接下去，如教师吹1=C 2/4 56 5|5-|，生接53 1|2-|，生接21 2|3-|，生接35 i|6-|，等等，虽然音不多，可学生要创作出与众不同的旋律就必须开动脑筋，积极思考。这种训练培养了学生的反应能力和创作能力。又如，有限音域作曲

练习，在规定的音域内按规定的几个音即兴创作并演奏旋律，此法降低了创作的难度，如只用do、mi、sol三个音创作四个小节的旋律，规定以欢快的情绪作为乐曲的情绪，因为音少，降低了难度，学生兴趣很高。有的同学吹1=C 2/4 53 5|53 1|15 3|53 1|，有的同学吹1=C 3/4 13 55|53 33|31 55|35 1—|，等等。学生在创作中发现了创作的乐趣，培养了自信心，积累了创作素材，培养了吹奏创作技能。

五、组织课外器乐实践活动，培养学生创新实践能力

音乐课外活动是培养学生创新实践能力的又一重要途径。教师通过开展音乐活动，不仅能丰富学生的想象力，丰富学生的实践经验，还能提供艺术创作的源泉，进而激发学生的创新动力，确立创新的理想。教师可以组织学校器乐队经常开展训练演出活动，让学生所学的知识和技能在这里得以实践，让他们的特长得以发挥。在演奏表演过程中，学生不仅需要全身多种感官的密切配合，还要注意与其他队员的协调一致，刺激和加强了学生大脑的功能，开发了智力，培养了集体主义观念，而在表现作品意境的过程中，学生的观察力、理解力、想象力，应变能力和创造能力都会得到锻炼和发展。

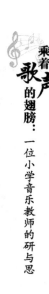

器乐教学与"减负"

乍一看题目，许多教师要问：器乐教学与"减负"有什么关系呢？牛头不对马嘴！您可千万不要这么看，处理得好，器乐教学会帮助"减负"；处理不好，器乐教学本身也就成了一种负担。

教育部做出了减轻中小学生过重课业负担的决定，"减负"成了新千年我国教育工作者的一件大事。面对新千年这场"减负"围歼战，音乐教育是袖手旁观还是主动请战呢？为了青少年一代的健康成长，为了教育事业的进一步发展，也为了音乐教育自身的不断完善，我们有理由说：音乐教育必须能够在这场"减负"战中有所作为。下面结合我校音乐学科所进行的器乐教学实验，笔者谈一谈个人的看法。

一、器乐教学帮助音乐课堂教学"减负"

缺少器乐教学的音乐课，使得音乐这门听觉艺术课难以给学生提供实际音响，缺乏听觉训练和行之有效的读谱训练，学生的音乐素质难以有效提高，即使安排了读谱、听音等基本训练，也往往十分枯燥无味，学生缺少快乐感，难以收到预期的效果。另外，一些嗓音条件不好或处于变声期的学生会对单纯的唱歌教学产生厌恶，音乐教学不利于面向全体学生，音乐课成了许多学生的负担。而器乐教学符合学生的年龄特点，能激发学生学习音乐的兴趣，调动其学习的积极性。教师在课堂上把乐器作为学具，用以帮助进行视唱、听音、唱歌、欣赏等内容的教学，学生在课堂上变被动为主动，形成了"我愿学习，我爱学习"的学习氛围，在轻松活泼的气氛中，增长了知识，培养了技能，陶冶了情操，提高了素质，音乐课堂教学不再成为负担。

二、器乐教学本身也要"减负"

既然器乐教学能够帮助音乐课堂教学"减负"，按说它不该成为一种负担，其实也不尽然。我作为一个从开始就参加了器乐教学实验的教师，就经历了一次认识上的变化。实验一开始，我怀着极大的热情投入了实验，我把工作重点放在了技能训练上。从二年级学生开始，我就要求他们会吹C大调音阶，会吹课本上歌曲的旋律，还从其他书上找好听的曲子给他们，让他们练习，吹不好就让学生回家练，再吹不好，就放学留下来吹，吹一个走一个。我在学生身上倾注的心血越多，学生越是不堪重负。我在这里严格要求，精益求精，学生在那里眼泪汪汪，不得要领，弄得学生一上音乐课就紧张，学生家长也很有意见。这种状况促使我坐下来认真思考：到底是什么原因让那些可爱的孩子变成这样？"器乐教学的本质是通过乐器来表现音乐，器乐教学实际上教的是音乐，而不是乐器。"这句话让我恍然大悟：完全是因为我认识上的偏差，造成了这种状况。于是，我调整了我的思路，重新设计了教学计划和教案，把乐器当作学具，为上好唱歌、欣赏和音乐知识课起到了很好的辅助作用。

首先，我针对不同年段的学生提出不同的要求，把器乐学习的难点分散在四个年级。二年级只用乐器吹奏出所学的唱名，知道它们在乐器上的位置或指法，用单音吹奏节奏，或用三五个音吹奏歌曲的伴奏，重在养成学生良好的吹奏习惯，而到中年级以上，再提出演奏乐（歌）曲的要求，把握适度的原则，重在培养学生感受音乐、表现音乐、创造音乐的能力。

其次，注意把器乐教学和音乐知识的学习、音乐技能的训练有机地合在一起。例如，低年级学习唱名，没有乐器时，学生就听教师不停地弹

奏和听、唱，觉得枯燥无味，就不愿意学。有了乐器，告诉他们这两个音在乐器上的位置和指法，学生自己吹吹、听听、唱唱，既参与了知识的学习，又逐渐掌握了唱名在乐器上的音位。高年级在完成旋律连接等综合训练时，未参加实验的学生，视唱能力较差，音组唱不准，学生几乎不能独立完成，需要教师一遍又一遍地把所有顺序的连接方式弹奏出来，学生听辨后再选择，觉得与自己无关，学起来不仅没有兴趣，正确率也不高，"吃力不讨好"。而实验班的学生利用手中的乐器，自己编写许多种不同的顺序，然后逐一吹奏，逐一听辨，选择流畅通顺的答案，唱给同学们听，持异议的同学，也不盲目听信，各自吹唱，由同学们评判，最后共同选出正确的答案，这种训练方法充分发挥了学生的主观能动性，学生学得轻松，教学效果也很好。

再次，注意激发学生对器乐学习的兴趣。例如，我利用图片、录像等形式向学生展示我校以前的器乐班学生演出情况，让他们感到，别人能成功，我们也一定能成功，树立了较强的自信心；又利用儿歌法、图解法、游戏法、故事法等，把器乐教学形象化、生动化，让学生愿意学、喜欢学，不再把器乐学习当作负担。

最后，重视在器乐教学中渗透思想品德教育和学生综合素质教育。在教学中，我注意培养学生的毅力、集体主义观念以及团结友爱的美好品德，培养其自信心、自学能力及创新能力，在音乐课这个教育阵地上为学生的全面素质培养，创造了一个良好的育人环境，使器乐教学融科学性、知识性、趣味性、实践性、教育性为一体，真正成为学生体验音乐、理解音乐、表现音乐的有力辅助手段。器乐教学不再是学生进入音乐殿堂的桎梏，不再是学生的负担，这才是我们教师真正要做的。

三、器乐教学帮助其他学科"减负"

器乐教学除了为音乐课堂教学"减负"和需要自身"减负"，还可以在其他学科"减负"上发挥一定的作用。"减负"之后，学生的课余时间多了，许多学生感到无所事事，空虚无聊，于是玩手机、打游戏、长时间看电视成了他们消磨课余时间的普遍做法。学生家长反映强烈：与其让学生玩手机、打游戏、看电视，不如增加点课业负担。面对这一令人尴尬的局面，怎么办？我想，要想让学生的课余生活更完美，更有意义，让学生远离孤独，也远离"危害"他们身心健康的"三室两厅"，积极开展集体性的课内外音乐活动，应该是一条有效和重要的途径。就器乐教学来说，组织校级、班级的器乐社团，就是其中的一种形式。学校开展器乐教学进课堂后，成立了校级器乐社团。器乐社团排练节目，在校内校外参加各级比赛，获得较好成绩，激起了广大学生参加器乐社团的兴趣。为了能争取参加器乐社团，许多学生想利用课余时间练习，却苦于没有时间。"减负"后，学生练习时间增多，在一定程度上解决了"减负"之后无事可做的问题。一些学生经过刻苦练习参加了器乐社团，还有一些学生虽然没有参加器乐社团，可在练习中提高了演奏能力，增强了自信心。在班级活动中，如"六一"联欢会上，那些声音先天条件不好的学生自己组合，自己选曲，自己编打击乐，表演了一个个精彩的器乐独奏、齐奏、合奏、为歌曲伴奏等节目，获得了大家的好评。在每年学校召开的庆"六一"联欢会上，都有学生利用课余时间自己排练的器乐节目。

但是应该指出的是，在这里，我们倡导大力开展课外器乐社团或其他音乐活动，直接目的是为"减负"发挥一定的作用。因此，课外的音乐活动千万不要在"减负"旗帜的掩盖下干起"加负"的事情。不要减轻了课堂教学的负担，却又增加了课外活动的负担；不要减轻了其他学科的负担，却又增加了音乐学科的负担；不要减轻了学生的课业负担，却又增加了家长的经济负担。一句话，我们应该让学生在课内外音乐活动中，愉快健康地成长，真正通过课内外音乐活动促进学生德、智、体、美、劳全面发展。

综上所述，器乐教学在"减负"中发挥了一定的作用，这是不可否认的，但我们也应看到，中小学负担过重是长期以来困惑我国基础教育的一大顽症，要想仅仅通过器乐教学这一方面短时间、彻底地解决这个问题是不现实的，也是不可能的。这就需要我们广大教育工作者和家长齐心协力，为了学生的健康成长，为了学生的成才发展而努力！

音乐课中多媒体技术的应用初探

随着教学改革的不断深入，多媒体技术的应用在教学实践中正越来越发挥着重要的作用，对音乐课堂教学也产生了巨大的影响。它不仅拓宽了音乐教学的渠道，更重要的是带来了音乐学习中思维方式的变化。《义务教育音乐课程标准》在"实施建议"中明确指出："以信息技术为代表的现代教育技术扩展了音乐教学的容量，丰富了教学手段和教学资源，在音乐教育中有着广阔的应用前景。音乐教师应合理利用现代教育技术视听结合、声像一体、资源丰富等优点，为教学服务。要加强对学生在影视、广播、网络上学习音乐的指导。"多媒体技术在音乐课堂教学中的运用，在给传统音乐教学带来冲击与变化的同时，也为音乐教师打开了一条音乐教学改革的新路，尤其是随着现代教育技术从对教学技术的研究深入到学习技术的研究，必将在更深层次上影响和推动音乐教学与学习方式的变革。

一、正确理解多媒体技术在音乐课堂教学中的运用

根据课程标准的规定，对现代教育技术的学习和掌握是音乐教师的一项重要基本功。音乐教师要努力学习和积极利用多媒体技术，以便适应信息化时代的数字化生存与发展。

现代教育技术是运用现代教育理论和现代信息技术，通过对教学过程和教学资源的设计、开发、利用、评价及管理，以实现教学过程和教学资源优化的理论与实践。现代教育技术既包括理论层面，也包括实践层面，

其研究对象是教学过程和教学资源，其核心是教学设计。因此，音乐教师不能简单地认为使用了某些现代化的教学手段和设备就是运用了现代化教育技术，而应从教育观念和教育理论上来全面、深入地理解现代化教育技术对于音乐教学的意义。因此，音乐教学是否运用现代教育技术就不仅仅是一个教学手段的问题，那种多媒体技术与我无关，或者要用就请电教教师来操作而自己没有必要学习的思想是不应该的。电脑是人脑的延伸，在教学中则是音乐教师教学手段的延伸，在音乐教学中使用多媒体技术辅助教学不但需要音乐教师的参与，更应该是音乐教师的主动行为。在具体教学中，音乐教师与电教教师应该加强合作，共同就课堂音乐教学中可能出现的各种细节问题进行详细的商讨，在音乐教学环节的设计上，什么地方使用多媒体手段、应如何使用等问题，设计技术方面由电教教师解决，而教学艺术上的问题则由音乐教师把握。这样，双方的优势互补会使运用效果合理、清晰、有效。从音乐教师发展的角度来看，掌握多媒体教学手段将是音乐教师所必需的素质。随着现代教育技术的进一步发展和完善，随着计算机知识的普及和广泛使用，多媒体技术运用能力必将与学科运用能力相整合，将音乐学习和音乐教学同现代教育技术的结合提升到一个新的水平。

多媒体技术的运用不仅突破了传统音乐教学在时间和空间上的限制，有利于音乐审美情境的创设，为师生的音乐情感体验提供了有利条件和环境，而且具有很强的人机交互能力，有利于改变以往那种以教师为中心的传统音乐教学模式，将教师与学生的主动性充分调动起来。特别是对于学生来说，多媒体技术的运用为实现新的音乐学习目标提供了便利工具，为学生了解丰富多彩的音乐世界打开了大门，帮助学生组织、建构和完成多项音乐学习任务，能有效发展学生的音乐思维能力。多媒体技术的应用使学生的学习方式由单一的课堂学习方式向多方式、多途径发展，学生不仅可以在课堂上通过多媒体辅助教学方式获取音乐知识，还可以借助多媒体课件或信息网络在计算机室、图书馆或家等场所进行个别化学习。

二、在音乐教学中积极运用多媒体技术

由于多媒体技术拥有视听结合、声像一体、形象性强、信息量大、资源宽广等优点，所以音乐教学的很多教学活动，都可以使用多媒体技术。

音乐源于生活，但又高于生活，对于音乐的理解需要基于对生活经验的积累，由于儿童年龄小，经验有限，生活中的形象再现得越具体、越明显，学生越容易理解。这就需要在音乐教学中创设与音乐作品所表现的内容相关的情境，帮助他们理解音乐。在教学中，情境的再现可以通过多媒体来实现。例如，在欣赏民族器乐合奏曲《渔舟唱晚》时，教师根据乐曲内容制成幻灯片，表现"渔夫荡桨归舟，渔歌飞扬"的热烈情绪，这种场景的片段，易于加深学生对音乐的了解，学生在欣赏时，视听结合，兴致盎然。

由于音乐不是单纯的音响运动，而是蕴含着丰厚文化内涵的艺术，一切优秀的音乐都是人类精神文明的结晶，都深深地植根于时代文化的土壤中。无论是民间流传的民歌还是音乐家创作的音乐作品，最终反映的都是人类所处的那个时代的文化缩影。因此，对音乐主题以及它所囊括的相关文化内涵理解得越深刻，音乐的审美情感体验也就越丰富。多媒体技术丰富的信息量为学生了解音乐所蕴藏的丰厚文化内涵提供了方便。比如，在欣赏乐（歌）曲时，学生可以观看乐队现场演奏的录像。通过录像，学生可以把乐队演奏时的规模阵容，指挥的风格手势，音乐的情感形象，乐器的音色特点以及演员的服装道具，演奏、演唱时的动作表情等看得明明白白，听得清清楚楚。又如，在欣赏民乐合奏曲《瑶族舞曲》时，通过多媒体介绍瑶族的民族风俗、乐曲创作背景、服饰、风土人情以及瑶族特有的舞蹈风格、特色乐器等，这样既开阔了学生的视野，增长了学生的见识，又使学生获得了美好的艺术享受。

歌曲教学是小学音乐教学的重要内容。在歌曲教学中，教师应该抓住作品的构思，反复地思考和体味，并努力用儿童的眼光看世界，采用多种

方式引导学生走进歌曲所表达的意境中，而多媒体技术起着重要的烘托、引导作用。例如，在学唱歌曲《七色光》时，教师可以通过多媒体构成的一幅幅色彩各异、奇特美妙的画卷，促进儿童想象力的发展。在学习歌曲《咚咚锵》时，可以用多媒体播放舞狮、舞龙的表演片段，精彩的舞狮、舞龙表演镜头与喜庆的锣鼓音乐结合在一起，给学生以强烈的视听震撼感受，弥补了以往传统教学中挂图式静态教学的不足，使课堂充满了动感，使学生在和谐融洽的教学氛围中，情不自禁地萌发对音乐的兴趣及参与音乐活动的强烈愿望。

网络学习也是音乐教学运用多媒体技术的一个重要方式。网络作为一种现代媒体，具有信息丰富、联系快捷等特点，大量、便捷的资料查询，为学生提供了方便。所以，教师在教学时，可以适当利用网络引进相关资料，引导学生积极主动地投身于音乐学习之中。在网络的支持下，学生除了获得音乐的感染，还获得了更深层次理解音乐的文学知识、美术知识及其他相关艺术知识。这样既培养了学生自主学习的能力，又扩展了课堂教学的容量，学生不再是单纯听赏，而是使音乐艺术得到拓展和延伸。

三、合理运用多媒体技术

在音乐课堂使用多媒体技术的过程中，明确的目的性至关重要。无论是何种媒体，毕竟都只能起到辅助教学的作用，始终不可能成为教学的主角。如果不顾教学内容是否需要，单纯追求所谓的课堂效果，为电教而电教、为技术而技术，则是一种本末倒置。例如，由于讲课、评课等因素的影响，把多媒体的使用当成教学中单独一个环节来应付，或者把每种多媒体单独使用，使多媒体技术在音乐教学中的功能得不到充分发挥，或把多媒体技术仅仅当成黑板、录音机、录像机、投影仪等。诸如此类，不仅达不到预期的音乐教学目标，影响了音乐教学任务的完成，更是一种教学资源的浪费。

应该看到，多媒体的元素种类和表现形式很多，多媒体技术的使用不是简单的媒体相加，教师要注意不同媒体的综合运用，充分发挥多媒体技术中媒体功能互补的作用。因此，多媒体的合理选择与运用，必须建立在对音乐教学目标与过程设计的基础上。音乐教学有着自身的教学规律，任何先进的教学手段都只能起到辅助教学的作用，所以不能以违反音乐教学固有的规律来适应多媒体的特点，这在音乐新课程的教学中是一个重要原则。

多媒体技术对于音乐教学来说，就像一把"双刃剑"，如果运用得恰当，就能提高教学效益，收到很好的教学效果；如果使用不当、喧宾夺主，就会冲淡音乐教学本身，甚至影响和降低音乐教学质量。例如，盲目依赖多媒体技术，将课件设计成顺序式结构，教师上课不停地按键播放讲解，成了一个"解说员"；或者用事先设计的课件演示流程取代学生思维的发展轨迹，想方设法将学生的思路引到电脑既定的流程上来，把学生的思维限制在课前准备好的课件之中，学生成为一个名副其实的"接受器"；或者不注重实际，片面追求课件的新颖、动感、时尚，忽视对音乐内涵的关注；甚至不管合适不合适，有没有必要，动不动就用多媒体，舍简就繁、避易求难，抛弃所有实用且简单的传统媒体，等等，都是需要我们在教学中避免的。

总之，多媒体技术辅助音乐课堂教学是音乐教育发展的趋势，也是音乐课程标准对我们音乐教师提出的要求。在运用多媒体技术进行音乐教学的实践中，音乐教师应以提高教学质量为宗旨，根据学生的认知规律、心理特点、教学内容、教学任务、学生的学习实际等诸多因素去综合考虑；找准使用的最佳时机，最大限度地发挥多媒体的巨大功能，使学生能更加有效地参与到感受音乐、鉴赏音乐、表现音乐、创造音乐的过程中来，真正实现促进学生音乐感知、表现、创造等能力的提高。

中 篇

教学实践

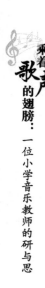

咱们天山好地方

——《天山风情》教学设计

【课题】

天山风情

【任教年级】

五年级

【教学目标】

1. 通过对《玛依拉》《掀起你的盖头来》两首歌曲的欣赏引导学生积累新疆音乐元素，热爱我国民族音乐。

2. 通过课前安排学生收集有关新疆的风土人情、音乐风格等方面的资料引导学生了解新疆民歌的创作背景、民歌特色，通过模仿、自主创编等方法进行学跳新疆舞的活动。

3. 通过课前收集资料培养学生自主学习的能力，通过对音乐的欣赏体验培养学生对民歌音调的感知能力，通过舞蹈创编培养学生音乐创造能力。

【教学内容】

1. 欣赏歌曲《玛依拉》（女声独唱）。

2. 欣赏歌曲《掀起你的盖头来》（合唱）。

3. 学跳新疆舞活动。

【教学设想】

本课教材为湖南文艺出版社义务教育课程标准实验教科书音乐五年级上册第九课的内容，是全套教材中体现课标"弘扬民族音乐，理解音乐文化多样性"理念的民歌题材之一，通过本课的学习，使学生了解新疆音乐的音调特色，积累对新疆民歌的感性认识，激发学生热爱新疆音乐、热爱我国民族音乐，进而培养学生热爱祖国、热爱生活的美好情感。五年级的学生已经积累了华北地区、江南地区等地的音乐风格的感性认识，也学唱过《娃哈哈》《我爱雪莲花》等新疆风格的创作歌曲，收集资料、自主学习、舞蹈创编、音乐感知等能力也已经初步具备。

由于新疆各地民歌的风格是离不开它所产生的那片土地的，因此为了加深对音乐的理解，我课前布置学生自主收集有关新疆少数民族的风俗习惯、新疆民族音乐等方面的资料，为课中欣赏新疆音乐打下了良好的基础。在欣赏音乐的过程中，我还将采用以下措施进行教学。

（一）创设情境，激发学生欣赏音乐的兴趣

我将创设一个带领学生到新疆旅游的情境，使学生对新疆之旅感到好奇和兴奋，使学生将注意力集中在本课的学习中，而这个情境将贯穿整个教学过程，还将设计"听""唱""说""舞"等环节，使学生加深对新疆音乐的理解。

（二）调动学生的听赏体验，让学生感悟音乐美

音乐是听觉的艺术，音乐课标中阐述音乐课应以审美为核心，而审美体验的基础是"听"，充分而完整的聆听可以促进学生对音乐的体验。因此，本课安排了大量的聆听，只有在积累了大量的感性经验之后，学生才会对新疆音乐有一个充分的认识，在以后的音乐学习中才会很准确地判断出新疆音乐。

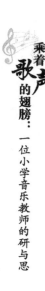

【教学准备】

学生：提前收集新疆的风俗习惯、音乐资料，学唱几首新疆歌曲。

教师：多媒体设备、自制课件、手风琴。

【教学重难点】

重点是感受新疆音乐的音调特点，加深对新疆民族民间音乐文化的了解。

难点是在听赏中参与新疆舞的创编，通过舞蹈动作表现乐曲的情绪。

【课时安排】

1课时。

【教学过程】

1. 同学们，今天老师将带领大家去个地方旅游，大家先听一听这是什么地方的歌曲？（播放《玛依拉》不出画面，只出声音）

设计意图：激趣，使学生集中注意力，将精力集中在对音乐的聆听上，不出画面是为了不限制学生的想象力。

2. 生回答后，师根据情况适当引导和鼓励。

3. 这是一首哈萨克族的民歌，大家再听一遍，这首歌给了你什么样的感受？（播放歌曲，不出画面）

设计意图：将学生注意力集中在对音乐情绪的体验上。

4. 生回答，师适当鼓励，学生有不同见解，师应尊重。

设计意图：音乐具有不确定性的特点，对音乐的理解也允许有不同的见解，尊重学生个性发展是音乐教师应该做到的。

5. 《玛依拉》是一首有代表性的哈萨克族民歌，让我们来哼唱一下它的旋律。（课件出示乐谱）

设计意图：学生在认真聆听两遍后，已经熟悉了音调，进行视唱是没有困难的，这样可以加深学生对哈萨克族民歌的感性认识。

6. 在新疆，除了哈萨克族，还有一个人数比较多的民族维吾尔族，他们知道同学们要到新疆，已经迫不及待了，现在他们用歌声来欢迎大家的光临，大家听听他们唱的是什么？（《掀起你的盖头来》播放课件，不出画面）。

设计意图：激趣。

7. 生回答。师：《掀起你的盖头来》是维吾尔族民歌的代表，它已经流行到全世界了。它为什么具有这么大的魅力？让我们认真地聆听，说说你的感受。（播放歌曲，不出画面）

设计意图：将学生对歌词的关注引导到对音乐的关注上。

8. 生回答感受，师尊重学生的不同见解。

9. 因为这首歌有了这些特色，才使它流传甚广，我们也一起唱一唱这首歌，回敬热情的维吾尔族的朋友们。（播放课件，出示伴奏音乐和乐谱）

设计意图：本歌在媒体上经常播放，学生在平时积累的基础上，加上两遍认真的聆听，应该已经会唱，通过学唱此歌也会加深他们对音乐的认识。

10. 听完了两首歌，大家说说这两首民族的歌曲有什么共同特点吗？大家可以分4个小组讨论一下，组长将大家的意见进行整理并汇报。

设计意图：小组合作讨论，交代组长任务，为小组合作的方式和有效性加强了指导。

11. 请组长汇报结果，其他小组有相同的意见就不再发表，有不同意见的再补充。

设计意图：节约时间、不机械重复，尊重不同见解。

12. 这些特点和维吾尔族的风俗习惯是分不开的，课前大家收集了相关资料，请大家讨论，哪些风俗习惯是形成这些音调特点的原因？请组长组织。

设计意图：交流资料、了解新疆的风俗习惯是为了加深学生对音乐的

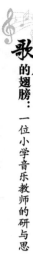

理解。

13. 小组汇报，要求同环节11。

14. 他们动听的歌声是那么吸引人，老师都忍不住想和他们一起跳起舞来。（播放《掀起你的盖头来》视频，出现舞蹈画面，教师模仿画面上的动作舞蹈）

设计意图： 激发学生对舞蹈的兴趣，为活动"跳新疆舞"打基础。

15. 大家有没有发现这些舞蹈的基本动作有哪些？大家模仿一下。（再次播放视频，大家模仿）

设计意图： 在关注音乐的同时，关注舞蹈风格。

16. 现在所有的朋友都来了，大家聚集在一起高兴地唱起歌、跳起舞，我们将刚才模仿的动作进行全新组合创编，一起和朋友们跳起来好吗？（播放《掀起你的盖头来》视频）

设计意图： 舞蹈活动引导学生将所感悟的情绪和学到的舞蹈展现出来。

17. 小结："新疆之旅"结束了，我们感受了那里的人们热情好客的性格、动听的歌声和优美的舞姿，实际上那里还有很多方面我们是不了解的，等待着我们去发现、去探索……

设计意图： 留下悬念、课后拓展。

【教学反思】

通过本课的设计，经过反思，我认为以下几个方面做得较好。

（一）注重审美体验

"以审美为核心"是音乐课标的核心理念，课标要求这个理念贯穿于教学的各个活动中。在本课设计中，我创设情境，以听为基础，以有目的的提问为先导，使学生整节课都沉浸在音乐美的氛围中，相信下课之后，学生对新疆民歌的音调特点，新疆歌曲表现的热爱生活、热爱大自然的美好感情已经有所感悟，会使学生发自内心地喜爱新疆音乐。

（二）面向全体学生，注重个性发展

课程标准中阐述既要面向全体学生，又要注重学生个性发展。我在本课设计中，关注了全体学生，也尊重了学生对音乐的不同见解。

（三）关注了三维目标

在本课设计中，我不仅关注了情感态度价值观的生成，也关注了过程与方法，将知识技能的训练渗透在丰富多彩的活动中。通过"听""唱""说""舞"等活动，学生了解了新疆音乐风格和音调特点，感受了新疆少数民族能歌善舞、热爱生活、热爱大自然的美好情感，也培养了学生自主学习、自主创编以及音乐感知、音乐创造的能力。

美丽的家园

——《多年以前》教学设计

【课题】

多年以前

【任教年级】

小学三年级

【教材】

湖南文艺出版社义务教育教科书音乐三年级上册第十课

【教学目标】

1. 教师通过丰富多彩的教学内容和多种学习方式，不断调动学生学习的积极性，使学生能够以积极的态度参与体验，表现歌曲《哩哩哩》《多年以前》的意境。

2. 教师通过带领学生欣赏和跟唱《哩哩哩》，感受音乐所表现的环境美丽、百鸟歌唱的意境。

3. 通过歌曲《多年以前》的欣赏和歌唱，体验环境被破坏之后森林消失、鸟儿飞走、大地一片凄凉的情境，并引导学生用肢体语言表现这些场景，以培养学生小组合作能力及戏剧表演能力。

4. 通过游戏"找树桩"认识四分休止符，学习四分休止符的唱法，并能正确用于音乐实践活动。

5. 通过课前查阅有关环境保护方面的音乐资料，了解环境保护方面的音乐题材和人们为此做出的努力，培养学生自主学习的能力和主动探索知识的精神。

【教学重难点】

重点：感受、表现《多年以前》的意境。

难点：通过小组合作方式将《多年以前》所描绘的意境表演出来。

【教学准备】

手风琴、多媒体设备、自制课件。

【教学设想】

本课教材为三年级上学期第十课的内容，这个阶段的学生已经掌握了基本的表演形式和方法，对小组合作模式也已经熟悉，因此用小组合作的方式进行戏剧表演只是更换了表演的内容。但是本课的主题是环境保护，三年级的学生对此还没有很深的认识，因此本课的重点就是引导学生感受两首歌的情绪，通过美丽大自然和环境被破坏两个场景的对比，加上对音乐充分而完整的聆听，使学生把握两个场景的情绪和表演要素，并通过小组合作的方式表演出来。其中，本课设计了一个小游戏"找树桩"：树桩是被任意砍伐的大树，代表四分休止符，没有被砍伐的大树用各种唱名表示，用任意的路线边唱边走，遇到树桩时，跳过不出声。用这种游戏的方式，激发学生对乱砍滥伐现象的痛恨，也带领学生学习了四分休止符的唱法，将枯燥的知识渗透在有趣的游戏活动中。

（一）情境体验法，激发学生学习兴趣

音乐源自生活，音乐课应展现音乐与生活的有机联系，把生活经验音乐化，将音乐问题生活化，在生活和音乐之间架起一座桥，以此来激发兴趣，培养创造力。本课将激发学生学习音乐的兴趣，使学生愿意并积极参与各种"听""唱""奏""游戏"等活动。

（二）聆听体验法，帮助学生走进音乐

音乐是听觉的艺术，美国学者艾伦·科普兰在《怎样欣赏音乐》一书中说："如果你要更好地理解音乐，再也没有比倾听音乐更重要的了，什么也代替不了倾听。"因此，本课将创设多个情境，使学生多次完整而充分地聆听音乐和歌曲，帮助学生在音乐审美的过程中获得愉悦的感受和体验，引导他们在积极体验的状态下充分展开想象。

（三）趣味游戏法，培养学生音乐感受能力

四分休止符是本课的知识点，吴斌老师在《关注音乐》一文中强调："作为学科，必须有相关的知识体系作为支撑，如果没有音乐知识与技能的培养，音乐就失去了作为一门学科的基本支撑点。"所以，音乐课不能忽视与回避音乐知识的传授。而知识的学习又是枯燥的，为了解决这个问题，我结合歌曲的意境，设计了"找树桩"的游戏：大树的名字用唱名表示，排列起来就是《多年以前》的旋律，被砍掉的树桩是四分休止符，提示遇到树桩时不出声。我通过这个游戏活动，以学生为主体，使学生主动参与到体验音乐的过程中，培养学生音乐感受能力和敏捷的反应能力，而这正是达尔克罗兹（瑞士作曲家）体态律动理论的精髓，也符合课标精神。

【教学过程】

（一）欣赏

提问导入。

播放《哩哩哩》。

问题：这首歌曲给我们描述了怎样一幅美景？是用哪些音乐要素表

现的？

设计意图：全体学生欣赏音乐，激发学生学习的兴趣，通过教师提问导入新课。

（二）教授新课

创设情境。

资料：《多年以前》。

1. 创设情境：在大地一片欢腾、百鸟歌唱的时候，突然来了一伙人，对森林里的大树乱砍滥伐，恣意破坏。渐渐地，山不绿了，水不清了，鸟儿不歌唱了，这该是一幅怎样的情景呢？认真聆听歌曲《多年以前》说说你感受到的。

设计意图：通过情境创设引导学生认真而充分地聆听音乐，感受歌曲情绪，并鼓励学生表达自己的审美体验。

2. 两段歌词表达的意境一样吗？再次让学生认真聆听歌曲说说它们的区别。

设计意图：教师通过问题的引导，使学生关注音乐情绪的差别，尊重学生的见解，激发学生欣赏音乐的兴趣。

3. 小鸟离开这个美丽的家园会是怎样的情绪？它们的歌声是怎样的？模仿一下，并用这种声音随音乐一起模唱歌曲。

设计意图：教师通过问题的引导，使学生体验鸟儿的情绪，并把这种留恋、无奈的情绪带入歌曲旋律模唱中。

4. 是那些乱砍滥伐的人使鸟儿失去了自己的家，我们去找一找砍伐者犯罪的证据，把被砍的树桩记录下来（课件出现森林一角的画面，大树的名字用唱名表示，排列起来就是歌曲的旋律，树桩用"O"表示）。

5. 学生跟教师一起齐唱歌曲旋律，遇到树桩就不出声。

设计意图：用游戏的方法学习四分休止符，激发学生的学习兴趣。

6. 我们把砍伐者犯罪的证据找到了，一定要将他们绳之以法！让我们用歌声告诉那些可爱的鸟儿，呼唤它们回来好吗？怎样的歌声能感动它

们，让它们信任你并且飞回来呢？

设计意图：创设情境，使学生投入歌曲的意境中，激发学生用歌声表达情感的冲动。在这个过程中，教师要鼓励学生大胆演唱。

7. 我们的家园经历了美丽——一片凄凉—恢复生机的过程，你们能用身体的表演来表现这个场景吗？引导学生分小组商量并以小组为单位进行表演。

设计意图：创设情境，启发学生思考表现方法，用小组合作的形式进行戏剧表演的排练。

8. 分组表演，及时进行评价。

设计意图：通过这次小组合作表演，启发学生对歌曲情绪再次进行体验和表现，培养学生小组合作能力和艺术表演能力以及对自己、对他人的评价能力。

（三）小结、交流

1. 在当前世界经济不断发展的过程中，环境保护问题越来越重要，很多音乐家为此创作了相关的作品，请大家交流一下，教师补充。

设计意图：培养学生收集整理资料的能力。

2. 学生谈感受。

设计意图：培养学生归纳、概括、总结的能力。

【**教学反思**】

这节课设计有以下特点。

1. 教学目标关注了以下问题：学生的兴趣，作品的情感特征，感知、体验、想象、表现、评价音乐的过程与方法，这是针对课标的三个维度而设定的。

2. 本课以教师引导学生感受、体验音乐形象为主线，创设情境，引导学生感受音乐形象，表现音乐的情感意境，符合新课标中"以审美为核心"的基本理念，也体现了新课程理念所倡导的民主平等的师生关系。

3. 本课设计了听赏、游戏、表演、交流等丰富的教学内容和多种学习方式，让学生时而聆听，时而歌唱，时而游戏，时而发言，时而表演，既充分体现了课程标准中提出的把学生的音乐兴趣培养作为音乐教学的首要任务和目标，又很好地解决了音乐学习"听为中心"的要求。

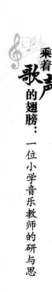

月色之美

——《月夜》教学设计

【课题】

月夜

【任教年级】

四年级下学期

【教材分析】

《月夜》是一组以美丽的夜色为情景主题的教学内容，包括欣赏民乐曲《彩云追月》和演唱《萤火虫》两个相互关联又相对独立的教学内容，为我们描绘了充满遐想的月夜，目的在于通过聆听、体验、表现等活动使学生感受月夜静谧而又富有生机的美。

《彩云追月》是由著名作曲家任光创作的一首民乐曲，富有浓郁的广东色彩，在三年级欣赏过《雨打芭蕉》之后，再来欣赏以广东音乐元素为素材创作的乐曲可以加深学生对广东音乐音调特点的感性认识，通过背唱、演奏主题音乐，可以积累民间音乐元素。

《萤火虫》是一首富有儿童情趣的带有民歌风味的歌曲，歌中使用了下滑音将可爱的萤火虫表现得栩栩如生，唱好下滑音对学生加深音乐形象的理解和表现很有帮助。

【学情分析】

本届四年级学生是一直使用课标教材的，在即将步入五年级之时，已经具备了良好的音乐课堂常规，对音乐学习有浓厚的兴趣和积极性，已经能够较准确地感知音乐主题、乐句的变化，能够辨别不同情绪的音乐并能用语言做简单描述，并且在三年级已经接触过广东民间音乐和下滑音，但对演唱七度音程有一定困难。会弹奏口风琴，并会使用自制的打击乐器为歌曲伴奏。会视唱节奏、音程较简单的旋律。

【教学设想】

根据对教材和学生的分析，本课将采用以下策略进行教学。

（一）情境体验法，激发学生学习兴趣

音乐源自生活，音乐课应展现音乐与生活的有机联系，把生活经验音乐化，将音乐问题生活化，在生活和音乐之间架起一座桥，以此来激发学生学习兴趣，培养学生创造力。本课将设计一个"夜精灵幻幻"的角色，带领大家感受静谧的夜和有趣的夜色，使学生积极参与各种"听""唱""奏""游戏"等活动，激发学生学习音乐的兴趣。

（二）聆听体验法，帮助学生走进音乐

音乐是听觉的艺术，本课将提出不同的问题，设置不同的学习任务，层层递进，让学生多次带着任务完整地聆听歌曲，使学生在有针对性地聆听歌曲的过程中获得对音乐的感受和体验，引导他们在积极的状态下充分展开联想和想象，帮助学生走进音乐。

（三）趣味游戏法，培养学生音乐感受能力

七度音程的下滑音和演唱是本课的难点，为了突破这个难点，我将采用达尔克罗兹体态律动教学法，让学生扮演萤火虫，随歌声飞舞，在遇到下滑音处，选择自己喜欢的小动作表示一下，来体验萤火虫可爱的形象，

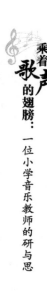

而到了七度音程处做一个迅速下蹲的动作，体会从高音re到mi音急剧下滑的感觉。我通过这个游戏活动，以学生为主体，使学生主动参与到体验音乐的过程中，培养学生音乐感受能力和敏捷的反应能力，而这正是达尔克罗兹体态律动教学法的精髓，也符合课标精神。

【教学目标】

1. 通过对《彩云追月》的欣赏和《萤火虫》的演唱，引导学生感受、体验不同风格的月色之美，培养学生热爱生活、热爱大自然的情感。

2. 通过对《彩云追月》的欣赏和主题音乐背唱演奏，引导学生感受静谧的月色美，积累对广东音乐的感性认识，培养学生热爱民族音乐、热爱我国民间文化的兴趣。

3. 能用活泼、俏皮的声音演唱《萤火虫》，体验歌曲的意境。

4. 通过游戏的方法认识下滑音，并在歌唱中正确地表现出来。

【教学重难点】

重点：感受《彩云追月》和《萤火虫》的意境美。

难点：下滑音及七度大跳的演唱。

【教学准备】

师：多媒体设备、手风琴、自制课件。

生：①课前查找萤火虫的资料；②会演奏乐器的同学带乐器进课堂，没有乐器的同学自制打击乐器。

【课时安排】

1课时。

【教学过程】

（一）月色之美

1. 情境导入。

师：今天老师请来了一位小客人介绍给大家，它的名字叫"幻幻"。（播放课件，出现深邃的夜空、明亮的月亮、闪烁的星空）

2. 幻幻自我介绍：我是夜精灵幻幻，今天将带领大家欣赏美丽的月夜。（课件出示课题：月夜）

（教师板书：月夜）

3. 幻幻：请大家闭上眼睛，认真聆听一段音乐，你感受到了怎样的夜色美？（播放《彩云追月》，生放松聆听，谈感受）

（教师板书：优美宁静）

4. 幻幻介绍：这首乐曲的名字叫《彩云追月》，是作曲家任光创作的一首广东音乐风格的民乐曲，里面有哪些乐器你听出来了吗？为什么叫"追月"，你能从哪些乐句里听出来？（播放课件出现乐曲的乐谱，在播放时，幻幻跟随音乐的进度飞行）

（教师板书《彩云追月》）

5. 生答，师在乐谱上指示。

6. 师：这段音乐就是乐曲的主题音乐，它表现了宁静的夜空中彩云追着月儿跑的美丽画面，你能把它们唱出来并且用你们熟悉的乐器演奏出来吗？

7. 集体进行视唱视奏。

设计意图：情境创设使学生饶有兴趣地欣赏，安静的聆听使学生充分体验音乐的美，分层次、有目的的提问，使学生思维、情感一直处于活跃状态，因乐谱较简单且有大量重复的地方，所以视唱视奏没有什么困难。

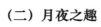

（二）月夜之趣

1. 师：宁静的月夜在大家的演奏中显得格外美丽，听听幻幻又为大家介绍什么了？

2. 幻幻：在美丽的夜色里还有一种可爱的小昆虫，请大家听听它是谁？它在做什么？（播放课件——歌曲《萤火虫》）

3. 生认真聆听，回答问题。

4. 师：大家说对了，夜色里还有可爱的萤火虫，课前请大家收集了相关资料，同学们在小组内交流一下，然后请一个同学说说你了解的情况，不完整的地方由其他同学补充。

（教师板书《萤火虫》）

5. 幻幻：请大家观看老师收集的萤火虫资料。（以《萤火虫》歌曲为背景音乐，大家观看萤火虫资料）

设计意图：收集、交流资料能加深学生对音乐形象的理解，培养学生自主学习、合作探究的能力。

6. 师：这首描写萤火虫的歌表现的夜色是什么样的呢？我们再欣赏一遍。（播放课件）

7. 生听音乐、谈感受。

（教师板书：俏皮快乐等）

8. 师：音乐表现了富有情趣的萤火虫赶路回家的情形，乐谱里有3处下滑音，你觉得它们表现了萤火虫怎样的形象？带着问题我们再听一遍。

9. 生听后回答。（可爱、俏皮、下滑音表现萤火虫急速下落）师尊重学生不同见解。

10. 师：我们模仿萤火虫做个游戏，聆听歌曲，扮演萤火虫原地不出声地飞舞，听到下滑音就做个你喜欢的可爱的动作，听到"急匆匆"那一处的下滑音时，快速下蹲。

11. 生：聆听歌曲，随音乐进行体态律动。

12. 师：大家扮演的小萤火虫真可爱，请大家再用优美的歌声唱出来。

设计意图：游戏使学生关注下滑音的唱法，体态律动使学生将音乐的节奏和身体的节奏相关联，培养学生音乐感知能力，突破教学难点。

13. 小萤火虫还会遇到什么事，它为什么要急匆匆回家呢？发挥想象猜一猜，并自己编进歌里唱一唱。

14. 同学个别表演创编作品，老师在课件上把学生创编的歌词输入乐谱。

设计意图：发挥想象，创编歌词，培养学生想象力和创造意识。

15. 歌曲处理：如何表现这首歌曲的意境？各小组讨论用各自不同的方式来表现。

设计意图：每个学生都有权利以自己独特的方式学习音乐，享受音乐的乐趣，参与各种音乐活动，表达个人的情智。采用小组合作的方式尊重各组对音乐表现的不同见解，既能面向全体学生，又能发展学生的个性，也能培养学生的合作意识，为学生提供了发展个性的可能和空间。

16. 小组表演，老师及时进行自评与互评。

（三）小结，讨论延伸

幻幻：今天请大家欣赏了不同风格的美丽夜色，大家都感悟到了夜色之美。其实还有很多表现夜色的作品，大家课后可以去搜集一下，下节课就请大家为幻幻介绍了！

设计意图：音乐学习不仅仅在课内，提出这个问题可以促使学生进行课后延伸的学习，培养学生自主学习能力和探究能力。

【板书设计】

月夜

《彩云追月》　　《萤火虫》

优美宁静　　　俏皮快乐

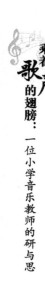

【教学反思】

通过本课的设计，经过反思，自认为以下几点符合课程标准理念。

（一）听觉先行，注重审美体验

音乐课程标准明确指出，"以音乐审美为核心"的基本理念应贯穿于音乐教学的全过程。本课以聆听为基础创设生动有趣的情境，通过充分而完整的聆听，使学生体验、感受音乐的美，将音乐基础知识的学习渗透在游戏的艺术审美体验中。

（二）兴趣先导，充分感悟音乐

课程标准指出：兴趣是学习音乐的基本动力，是学生与音乐保持密切联系、享受音乐、用音乐美化人生的前提。在本课中，我用创设情境、游戏、体态律动等方法，激发学生学习音乐的兴趣，使学生的思维、情感一直处于积极活跃的状态，为学生更好地理解音乐打下基础。

（三）以学生为主体，重视音乐实践

课程标准指出：音乐课的教学过程就是音乐艺术的实践过程，在所有的教学领域都应重视学生的艺术实践。在本课中，我以学生为主体，设计了聆听、演唱、演奏、游戏创编等活动，使学生一直处于对音乐的兴奋中，增强了学生表现的自信心，培养了学生良好的合作意识和团队精神。

（四）开发想象，鼓励音乐创造

创造是音乐教学重要的领域之一，对培养有实践能力的创新人才具有十分重要的意义。本课设计了想象萤火虫急匆匆回家的情形，引导学生进行歌词创编活动，发展了学生的想象力，培养了学生的创造意识。

（五）多媒体辅助教学

由于多媒体技术具有视听结合、声像一体、形象性强、信息量大、资源宽广等优点，有利于音乐审美情境的创设，为师生的音乐情感体验提供了有利条件和环境。小幻幻的角色使学生倍感亲切，大量的萤火虫资料、交互性很强的音乐播放器以及随时修改歌词的乐谱，不仅扩展了音乐教学的容量，丰富了教学手段和教学资源，而且使学生兴趣盎然，积极主动地参与到音乐活动中去，学生的艺术能力得到提高。

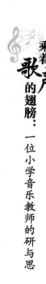
注重整合培养能力

——"快乐的春天"教学片段与评析

片段一：

一群学生于上课时间在学校操场，五个一群三个一组，时而叽叽喳喳，开怀大笑；时而默默无语，细心观察；时而又来回走动，左看右看。这是上的什么课？体育？自然？都不是，这是二年级音乐活动课"快乐的春天"中的一个内容："找春天。"学生在校园里找春天，收获可不少，学生高兴地唱起了好听的歌："春天在哪里呀，春天在哪里，春天在那小朋友的眼睛里……"时间到了，学生聚集在老师的周围，汇报自己的发现："操场上的小草发芽了，摸上去软软的。""隔壁院子里的杉树也发芽了，像浅绿色的雾。""厕所上面的迎春花开了。""风吹到身上是暖和的。"还有一个同学说："我发现校园里几种树发的芽颜色都不一样，塔松的芽是浅绿色的，这些浅绿色的芽长在深绿色的老叶子中间，像许许多多的小星星，风一吹过来，这些星星就一闪一闪的，很漂亮。枇杷树的芽是灰白色的；桃树的芽是浅红色的；樟树的芽是黄绿色的。"说得多好哇，学生真地感受到了春天的到来。

学生生活在春天的大自然里，对春天的观察大多是粗浅的。本课通过这个活动，旨在使学生对自然的变化引起注意，以形成愉悦的情感体验，并促使他们将自己对自然现象的感受与艺术家对他们的表达联系起来，为下面的音乐创作打下基础。

片段二：

师：春天已经来到了我们的身边，大家是什么心情？谁愿意用我们学过的诗或者歌曲来唱唱春天？

生1："离离原上草，一岁一枯荣，野火烧不尽，春风吹又生。"

生2："春眠不觉晓，处处闻啼鸟，夜来风雨声，花落知多少。"

生3唱："春天里，太阳眯眯笑，春天里，青蛙呱呱叫……"

生4："春天天气真好，花儿都开了，杨柳树枝对着我们弯弯腰……"

（学生在春天的阳光里，尽情地唱跳，表达了喜爱春天的心情）

师：春天不仅仅是大家说的这些，咱们利用双休日请你们的家长带着大家到郊外去寻找春天，然后请喜欢画画的同学发挥想象，自己创作一幅春天的画，看谁画的春天最美。

第二节课开始，请学生拿出了自己的绘画作品，画得虽很幼稚，但色彩鲜艳，想象丰富。

生1：我画的是一棵很大的树，树上的小鸟在举行新春音乐会。

生2：我画的是小朋友在种树，它们想让春天更美。

生3：我画的是农民伯伯开拖拉机，春天到了，该播种了。

……

（学生兴高采烈地展示自己的作品，言语间透出无比的自信和自豪，表现了学生热爱生活、热爱春天的美好情感）

这个片段包括两个活动："唱春天"和"展示画春天的作品"。当学生对春天积累了一定的情感体验后，就会尝试把这种感受和体验用自己的方式表达出来。《诗·大序》中说："情动于中而形于言，言之不足，故嗟叹之；嗟叹之不足，故咏歌之；咏歌之不足，不知手之舞之，足之蹈之也。"当低年级孩子不能很好地运用"言""嗟叹"等方式表达时，就会调动所有的记忆，"咏之""歌之""舞之""蹈之"，而一部分孩子更愿意"画之"。这样，有不同兴趣爱好的同学，就有了可供选择的表现

方式，使艺术学习变得更轻松，更活泼多样，使艺术能力的获得变得更自然，更容易。

片段三：

师：森林里的动物们也和大家一样非常喜爱春天，它们要举办一次新春音乐会，庆祝春天的到来。有几位动物歌唱家非常想参加新春音乐会，可它们不会作曲，请大家联系自己对春天的感受，为小动物们创编一首动听的曲子，以表达小动物们高兴的心情。（出示"音乐小制作"软件）

教师发节奏卡2/4 ××× ｜ ×× ｜ ×××× ｜ ×× ｜

×××｜×××｜××××｜×–‖

师：请同学们体会自己在春天里的心情，用sol、la、do三个音创作旋律，直接把唱名字母谱标注在节奏下面，写完后请大家吹一吹，唱一唱。

同学们开始创作了，只见有的同学拿起笔静静地思考，有的同学拿着竖笛在试吹，还有的同学已经在唰唰唰地写了。不一会儿他们就写好了。

有同学唱：

1＝C2/4 55 6｜5 5｜55 66｜5 5｜55 6｜55 6｜55 66｜1–‖

1＝C2/4 11 5｜6 5｜11 55｜6 5｜15 6｜15 6｜56 56｜1–‖

有同学吹：

1＝C2/4 16 5｜1 5｜16 55｜1 1｜16 5｜16 5｜11 66｜5–‖

还有的请教师帮忙唱：

1＝C2/4 56 5｜5 5｜56 56｜1 1｜16 1｜16 5｜16 65｜1–‖

……

师：你们真棒，自己创作了好听的旋律，可是因为时间的关系，老师不能把你们作的曲一一输入电脑，所以现在请大家以四人小组为单位，唱给同学听，在四人小组中选择一首大家认为最好的旋律交给老师，我们从所有的旋律中选出四条编入电脑组成一支歌。

教室里热闹起来了，同学们唱的唱、吹的吹，都希望自己作的曲被选上。终于，每个小组交出了一份作品，教师将作品投影出来，请作者本人唱一唱（吹一吹）。

全班选出了四条大家满意的作品，由老师在顺序上稍作调整，编入电脑软件，并请"小动物们"演唱。学生听到自己的作品被播放出来，兴奋异常，许多同学不禁手舞足蹈起来。

师：新春音乐会开始了！大家戴上小动物头饰，随着音乐自编动作和小动物们一起联欢。

在前几个活动中，对大自然的寻找，对所学歌曲（诗歌）的演唱（朗诵）使学生形成一定的审美感知，为这个"写春天"的活动提供了原始材料。虽然这种只有三个音符的创作，只能称为"唱名组合游戏"，但创作同样可以闪耀出创造的火花，就像日本学者青柳善吾在《现代音乐教育诸问题》中说的那样："'自由作曲'即使技巧很差，仍然是孩子们自己的创造，在这一点上跟贝多芬、勃拉姆斯的作品没有丝毫的差别。"学生的作品同样是艺术品，对他们初步创作意识的培养是非常有益的。

总评：

"快乐的春天"是一组综合性的以创作为主的音乐活动课，教学目标是引导孩子们观察、感受春天的到来，用各种方式表达对春天、对大自然的热爱，初步培养学生的创作意识与合作意识。通过实践，笔者认为基本达到了以下教学目标：

（1）符合学生的身心发展特点，紧密联系学生生活实际。本组教材是为二年级下学期学生设计，不仅考虑到时节的变化，还充分考虑到了学生的实际情况。他们的岁数在8岁左右，他们对自然、对生活已经有了一定的观察能力。他们每天生活在自然中，在对自然的凝视和谛听中，初步感受到了春天大自然的变化。在教师的引导下，学生在操场上观察自己周围的春天，不仅让他们有亲切感，还能加深对春天的认识，激发热爱春天、热爱大自然的情感。当他们在校园里找春天聊春天时，他们的喜悦之情溢于言表，许多同学都情不自禁、手舞足蹈地唱起了《春天在哪里》这首歌。教材的情感培养目标已基本达到。在本组教材中，初步的创作意识的培养是本课教学的主要目标，而创作意识的培养也与学生当时所掌握的知识技能紧密联系：学生只会用竖笛吹中音fB、sol、lB、ti和高音do，而视唱只学了do、re、mi、sol、lB和高音do。所以执教者只选取了sol、lB和高音do三个音来进行旋律创作，而这三个音怎么组合都不会太难听，节奏也是从他们熟悉的儿歌《春天里》《春天天气真好》中抽取的几条节奏组合而成的。软件"音乐小制作"针对低年级儿童喜爱小动物的特点，用小动物形象代替单调的音符，激发了学生的学习兴趣，使他们更加积极主动地参与到教学活动中。

（2）重视学科间的整合。我国著名音乐教育家赵宋光先生曾从人类四大高级感觉器官的发展与建构人类本质的角度，阐述了发展综合艺术教育的意义，给笔者很大启发。他认为："人才素质的培养，艺术能力的培养，要靠四大器官综合运用所形成的心理结构。听觉器官与视觉器官是接受信息的感觉器官，形体（体态活动）器官与言语器官是输出信息的运动器官，相反而相成。从进化阶梯来衡量，这四大器官是人类进化程度最高的器官。四者在每个人身上都具有建造人类本质、获得高度发展的潜在可能性。完美人格的建造要靠这四种器官作为可控的建筑材料。但这种可能性的实现要靠综合运用，唯有通过教育过程，使四者立体镶嵌、互补整合，方能使人类水平的认知、情感、意志在中枢神经系统部位获得高度发展。"因此，在本组教材设计中，执教者设计了观察校园找春天这一活动，引导学生在对自然的观察中了解到了春天给大自然带来的变化，感受到了自然的和谐、神秘，意识到了自然中存在着生命，引发了学生的想象，调动了他们的情绪。以这个活动为基础，执教者又设计了说春天、唱春天、画春天、写春天、表演等活动。这些活动有非艺术类学科自然和语文的内容，也有艺术类学科音乐、舞蹈、美术、戏剧的内容，它们之间是一种相互依存、相互补充的关系，每一个活动都有学生心灵的交流，都有多学科知识的交织和协同作用，这就使课堂活动具有了开放性和生命力。以写春天这个活动为例，有了对自然的观察，有了对春天的描述，有了唐诗诗句的浸润，学生才会对春天有更深一层的理解，才会体会到春风像一声号令，使万物醒来，使小草在泥土中挺身，在唱春天时才会加深对所学过的歌曲情感的理解，而在画春天、写春天时就有了创作的最初的材料，这种连接和沟通的结果会为课堂教学带来生机和活力。

（3）教学方式和内容上有重大突破。长期以来，音乐教学偏重以教师为主导的知识技能的传授和训练，具有内容单一、高深、繁多的专业化倾向。在本组教材的教学中，执教者强调了教师、学生"双主体"互动关系以及学生的体验性、探究性、生成性和反思性的学习过程。教师根据学生的实际情况组织了一系列多种形式的综合性的教学活动，使教学内容变得鲜活充实，易于为学生掌握，打破了统一固定的教学模式。在轻松、愉悦、民主的氛围中，在师生、生生之间的平等对话和交流中，教学激发了学生积极主动，全身心、全方位地参与艺术表现活动，使他们获得艺术审美的愉悦体验，进而培养他们对艺术的兴趣和爱好，提高他们的艺术审美能力。

（4）面向全体学生，尊重学生个性差异。在教学的每一个环节中，执教者都能面向全体学生，重视学生的个性差异与程度差异，让每一个学生都有成功感。比如，在找春天这个活动中，有的学生观察能力和表达能力更强，发现得更多，说得更好，教师要及时鼓励；有的学生观察能力和表达能力稍差，只要看到一点，说到一点，教师就要充分鼓励，鼓励他们再找下去，再说下去，他们受到了鼓励，会更积极地参与到教学活动中去。另外，在整组教材中，执教者设计了看、说、唱、读、画、写、舞多种形式的活动，这些活动可以让有不同兴趣和特长的学生都有展示、锻炼、发展能力的舞台。

注："音乐小制作"是由上海电子出版有限公司出版，北京三辰影库音像出版社有限公司发行的音乐创作软件，适合小学低年级儿童使用。小鸡代表八分音符，小鸭代表四分音符，小青蛙代表二分音符，猫头鹰代表全音符。使用方法是将这些小动物按需要放在五线谱的不同位置上，点击它，它就会发出相应音高的叫声，编好后点播放键，全曲就会根据其时值按从前到后的顺序播放，播放到哪个小动物，哪个小动物就会做出张嘴唱歌的样子，并会自动加入打击乐伴奏。

参考文献

［1］郭声健. 艺术教育［M］. 北京：教育科学出版社，2001.

［2］何立. 美学与美育词典［M］. 北京：学苑出版社，1999.

［3］杨立梅. 艺术教师教学用书［M］. 北京：教育科学出版社，2001.

［4］曹理，何工. 音乐学习与教学心理［M］. 上海：上海音乐出版社，2000.

［5］中华人民共和国教育部. 全日制义务教育艺术课程标准（实验稿）［M］. 北京：北京师范大学出版社，2001.

［6］木村信之，胡应坚. 音乐教育中的创造性问题［J］. 中国音乐教育，1989（2）：33-37.

艺术课"我心中的太阳"教学设计

【教学对象】

一年级学生

【教学目标】

1. 通过对太阳的观察及富有情感的想象，引导学生感受大自然带给人类的幸福和快乐。（人文主题）

2. 围绕"太阳"主题引导学生在表演、绘画等艺术活动中，学习运用线条、基本型、色彩、节奏、形体律动和表情等基本要素。（知识技能主题）

【教学准备】

教师准备：

1.《太阳》歌曲录音带。

2. 绘画工具和材料，做头饰的纸卡、皱纹纸、蜡光纸、吹塑纸（为学生备用）。

3. 有关太阳的图片、录像资料。

学生准备：

1. 各种绘画工具和材料，做头饰的纸卡、皱纹纸、蜡光纸、吹塑纸；

2. 搜集有关太阳的知识、图片和诗歌。

【教学过程】

1.体验。

① 生：听歌曲《太阳》，进教室。

② 师：刚才听到的是写什么的歌曲？（生答）只要是晴天，我们都能看到太阳，可是我们真正了解太阳吗？我们一起去观察、感受一下秋天的太阳吧。

（带学生到阳光下面，观察太阳的形状、颜色；让学生闭上眼睛，感受阳光的温暖）

③ 师：说说你感受到的太阳，除了温暖和明亮，你还了解关于太阳的哪些知识？请你说一说。（小组交流后派代表发言）

④ 师：太阳有什么用处？

⑤ 生齐读诗歌：

太阳太阳照四方，它的好处不平常。

太阳不晒草不绿，太阳不晒花不香。

太阳不晒果不熟，太阳不晒苗不长。

被窝也要太阳晒，太阳晒了暖洋洋。

身体也要太阳晒，太阳晒了才健康。

⑥ 师：没有了太阳会出现什么状况？（学生设想）

2.表演。

师：我们来即兴表演一下刚才设想的没有太阳时人类、小动物、植物的表现好吗？

师讲故事，戴太阳头饰扮演太阳，生自由选择人、小动物、植物等角色即兴表演：我们人类、动物和植物生活在灿烂的阳光下，生活得很开心。可是突然有一天，太阳被魔法师用黑云遮盖了（师用大纸卡做的乌云遮住自己），大家都怎样表现？（学生表现出各种伤心、难过、没精打采的样子）后来在大家齐心协力之下战胜了魔法师，驱散了黑云，太阳又露出了笑脸，这时你们又是怎样表现？

3. 讨论。

① 师：是啊，太阳对于我们人类和动植物来说太重要了：没有太阳，就没有你、我、他；没有太阳，就没有我们这个美丽可爱的世界。所以，艺术家们使用了各种方法来表现太阳。

② 你知道有哪些表现太阳的方式？小组内交流一下。（有诗歌、绘画、音乐等方式）

③ 今天我们一起来欣赏一些用美术的方式表现太阳的作品。

学生一起听着歌曲《太阳》，观看课件里教师收集的有关太阳的艺术作品，有简笔画、油画、壁挂、水粉画、剪纸、雕塑、摄影等，提问：作品中的太阳都是什么样的？哪幅作品给你印象最深？或者你最喜欢哪幅作品？为什么？

4. 你心目中一定有更漂亮的太阳吧？大家了解了大师们的作品，想不想把自己也扮演成你自己心目中的太阳？（听着歌曲《太阳》，学生自由选择表现方式装扮自己。如可以做头饰，可以用彩纸装饰自己的身体，也可以剪纸；既可以自己独自完成，也可以自由组合小组，合作完成）

5. 评价。

在歌曲《太阳》的音乐声中，学生展示自己的作品，也展示自己，分享创作的成功和喜悦，以及这样装扮的想法和收获。

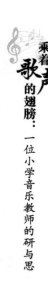

在情境中感受音乐的美

——《小青蛙找家》教学设计

【教学设想】

《小青蛙找家》这课通过"体态律动""唱唱《小青蛙找家》""创编游戏"等几个教学环节，使学生在愉快的游戏歌唱表演中，体验艺术创作的乐趣，培养热爱小动物、热爱大自然、热爱生活的美好情感。

【教学目标】

1. 用轻快的声音演唱《小青蛙找家》，自己设计游戏，模仿小青蛙的动作准确地和音乐一起开始和结束。

2. 通过散步、回家的体态律动游戏，提高学生对空间和方向的认识，培养学生听到音乐迅速做出身体反应的能力、即兴表演能力和游戏创编能力。

【教学流程】

（一）场景设计

一群学生戴着各种动物头饰，和着欢快的音乐，蹦跳着来到教室，他们惊奇地发现，这里成了一个绿色的王国：教室前面的墙上贴着用即时贴剪出的太阳、蓝天、白云，周围的墙上装饰的是各种形状的绿色树木，而教室前面的空地上，是一片片的绿色荷叶，荷叶上开着朵朵粉红色的荷花，多美呀！孩子们欣喜地望着这一切，觉得很兴奋。

设计意图：美丽的池塘、绿色的树林是这节课设计的一个亮点，旨在通过环境的布置，营造一种活动的场景，帮助学生理解音乐，并使学生增强环保意识。

（二）自我介绍

师（戴青蛙头饰）：我是青蛙妈妈，欢迎大家到我家来做客，不过青蛙妈妈年龄大了，还没有弄清楚大家都是哪些小动物，请各位动物朋友用自己的方式作自我介绍好吗？

生：用各种方式争先恐后地向"青蛙妈妈"作自我介绍。有的用叫声介绍："汪汪汪""喵喵喵"，有的用动作介绍：小猴子挠痒痒，小兔子跳，有的用边做动作边用儿歌介绍："小蜜蜂，嗡嗡嗡，飞到西飞到东""小鸭子，嘎嘎叫"……

设计意图：两分钟左右的自我介绍，旨在起到吸引学生注意力和导学的作用；鼓励学生用不同的方式介绍，又培养了学生的创新思维和求异思维。

（三）体态律动

师：利用课件介绍自己的绿色家园，并带"小动物们"出门散步参观。（拉手风琴弹奏不同的旋律）

生：听到不同速度的音乐按照自己所戴头饰的动物的动作向各个方向做不同速度的走步，并在每一次听到象征暴风雨的八度震音的时候，赶紧跑回自己的座位。（弹奏三次，分别用稍快、中速、稍慢的速度）

设计意图：体态律动重点培养学生听音乐迅速做出反应的能力，并引出下一个环节，起到承上启下的作用。

（四）即兴表演

师：大家找到了我的家，我的青蛙孩子们可有找不到家的时候。

师有感情地、用稍慢的速度叙述《小青蛙找家》的故事。

可爱的小青蛙们每天都要出门到庄稼地里捉虫子吃。可是有一天，它们捉完虫子，找不到自己的家了。这时，它们着急地叫着，跳着，最后它们齐心协力，终于找到了回家的路，回到了自己的家。

生：体会青蛙的心情，随着教师的故事做即兴表演。

设计意图：利用即兴表演培养学生的即兴表演能力，并且在表演的过程中启发学生体验小青蛙的心情，有助于接下来对音乐情绪的把握。

评奖奖励：自评、互评、师评相结合，表演好的同学奖励青蛙头饰变成小青蛙。

设计意图：小小奖励既是一剂兴奋剂，使学生体验到成功的喜悦，又是进行下一个教学环节的巧妙的过渡。在以后的环节里，教师要及时发现每一个同学的闪光之处，奖励每一个同学。

（五）歌曲教学

1. 初听歌曲

师：仔细听歌曲《小青蛙找家》，听听歌曲里面都说了些什么，听得认真的同学和说出歌词的同学奖励青蛙头饰。

设计意图：培养学生认真聆听音乐的习惯。

2. 复听歌曲

师：说说为什么青蛙急着回家？

生1：找妈妈。

生2：捉来虫子给妈妈吃。

生3：小青蛙要把消灭了好多害虫的喜讯告诉妈妈。

生4：一只小青蛙捉的虫子没有别的青蛙多，急着回家向妈妈学捉虫。

设计意图：给小青蛙赋予人文精神，激发学生喜爱青蛙、保护家园的美好情感，培养学生的环保意识。

3. 再听歌曲

师：你找不到家的时候是什么心情？找到了又是什么心情？请体会青蛙找家时候的心情，即兴表演，看看谁能够认真聆听音乐，准确地开始和结束。

生：部分同学即兴表演，请下面观看的同学进行评价。

设计意图：启发学生联系自己的生活经验，把握音乐的情绪进行表演，适时引入评价机制。

4. 第四次听

师：请小青蛙乐队自编节奏为歌曲伴奏，其他小青蛙表演回家，看看哪些同学能够表演出青蛙急着回家的心情，并能准确地开始和结束。

设计意图：多次完整而充分地聆听音乐，可以使学生在音乐审美的过程中获得愉悦的感受和体验，并且在每一次的聆听中都有新的要求提出，让学生充分参与到音乐的创造表现活动中。

5. 歌曲演唱

师：我们组成青蛙合唱团一起唱唱这首歌曲吧。

生：跟琴演唱歌曲。

设计意图：经过多次的聆听，学生对歌曲已经很熟悉了，完全可以跟着琴声演唱歌曲了，这样就摒弃了以往的教师教一句学生唱一句的生硬教学模式。

（六）歌曲处理

师：青蛙妈妈的宝贝们个个都是优秀的歌唱家和捉虫小能手，大家唱歌、捉虫累着了，现在我们休息休息吧。自由组合成4~8人小组，讨论用这首歌曲编成一个游戏来玩一会儿好吗？

师指导学生创编游戏，重点放在表现小青蛙回家前着急的心情和回家后的兴奋心情，以及随着音乐准确地开始和结束。

生：①分组合作创编游戏；②交流展示探究结果，互相评价；③选择几种大家认可的方式进行唱歌表演游戏。

设计意图：通过集体合作探究的方式，培养学生小组合作意识，发挥学生的创造思维能力。

【教学反思】

《小青蛙找家》是一节以游戏为主的音乐活动课，教学目标是能用自然的声音，有表情地演唱歌曲《小青蛙找家》，能在音乐情景剧表演中担当一个角色，边唱边进行表演，能在歌曲听唱活动中，感受歌曲的情绪变化，并能创编简单的动作进行表演。通过随机的体态律动游戏，提高学生对空间和方向的认识，并培养学生听到音乐迅速做出身体反应的能力，使学生在愉快的游戏歌唱表演中，体验艺术创作的乐趣，培养学生热爱小动物、热爱大自然、热爱生活的美好情感。通过实践，笔者认为基本达到了教学目标。

（一）突出音乐学科特点，重视音乐情感的体验

音乐是情感的艺术，情感的体验是学习音乐的基础。音乐也是听觉的艺术，而情感体验最好的方式就是通过听觉来实现，发展学生的音乐听觉应该贯穿于音乐教学的全部活动中。在教学中，笔者设计了体态律动、多次完整地聆听音乐以及表演、游戏等活动来丰富学生的情感体验，使学生在艺术的氛围里获得审美的愉悦，做到了以美感人、以美育人。

（二）面向全体学生，注重个性发展

义务教育阶段的音乐学习，不是为了培养专门人才，应该面向全体学生，使每一个学生的音乐潜能得到发展，但是每个学生都有权利以自己独特的方式学习音乐，享受音乐的乐趣，参与各种活动，表达个人的情智。因此教学要把全体学生的普遍参与与发展不同个性的因材施教有机结合起来，创造生动活泼、灵活多样的教学形式，为学生提供发展个性的可能和空间。这节课，笔者从第一个环节的自我介绍开始，就注重面向全体学生，促进学生个性发展：全体参与，允许学生根据自己的喜好，用不同的方式做自我介绍，而在最后一个环节，学生小组合作进行游戏创编，更能体现全体参与、张扬个性的目标，并且培养了小组合作精神和创新思维。

（三）渗透人文主题，培养环保意识

在新课标里有这样的阐述："通过音乐学习，使学生的情感世界受到感染和熏陶，在潜移默化中建立起对亲人、对他人、对人类、对一切美好事物的挚爱之情，进而养成对生活的积极乐观态度和对美好未来的向往与追求。"本课通过音乐学习，将环保这个人文主题有机地渗透在每个音乐活动中，使学生在不知不觉中受到了教育，树立起了环保意识，培养了学生热爱小动物、热爱大自然、热爱生活的美好情感。

（四）注重评价，促进学生的发展

新课程评价的功能是为了促进学生的发展，在评价指标、评价方式、评价主体和评价重心上都有了质的变化。淡化甄别与选拔的功能，关注学生掌握知识技能的过程与方法，重视综合评价，关注个性差异，强调质性评价，定性与定量相结合，强调参与与互动、自评与他评相结合，强调终结性评价和形成性评价相结合。在这一节课里，教师把学生放在主体的地位，让所有的学生都参与评价，将评价变成学生主动参与、自我反思、自我教育、自我发展的过程，而且关注学生学习的过程，让学生在一次一次的自评互评中，获得了成功的快感，有助于形成积极的学习态度，促进了学生的发展。

参考文献

中华人民共和国教育部. 全日制义务教育音乐课程标准（实验稿）［M］.北京：北京师范大学出版社，2001.

因地制宜发挥直笛作用

——《卖报歌》教学设计

【教材分析】

《卖报歌》是湖南文艺出版社义务教育教科书音乐三年级上册第八课的内容，这一课安排了听赏、演唱我国伟大的音乐家聂耳的一组作品，以及了解音乐家故事和小档案几项内容，让学生感悟音乐家聂耳的人格魅力与其作品的艺术震撼力。这是小学音乐教材中第一组围绕音乐家组织教材，是"音乐与相关文化"领域一组重要内容。从这一课开始，教材会陆陆续续出现一系列以了解中外音乐家作品、生平故事为单元主题的内容。而《卖报歌》这一组内容，在呈现上注重了情境性、趣味性和活动性，特别是音乐家小故事《小毛头与〈卖报歌〉》以学生喜闻乐见的连环画形式呈现出来，拉近了音乐家聂耳与学生之间的距离，仿佛可敬可亲的音乐家聂耳就生活在学生中间。编者将这个故事和《卖报歌》安排在一起，让学生通过故事了解歌曲产生的时代背景，有助于学生理解歌词，更生动地演唱歌曲。

【学情分析】

三年级的学生已经养成良好的聆听音乐的习惯，初步培养了欣赏音乐的能力，可以在教师的帮助下，通过听唱、教唱、读谱等方法学会演唱歌曲，并能够根据富有故事情节的歌曲内容自编表演。而《卖报歌》这首歌部分学生通过其他媒体听过，或者在其他教育机构学过，因此学唱歌曲比较容易。学生在上节课欣赏了聂耳作曲的《义勇军进行曲》，了解了一些有关聂耳的故事，为这首歌的学习做了铺垫。另外，我的学生已经会用竖笛吹奏"sol""la""si"三个音，在本课，他们可以练习教师编配的音组为歌曲伴奏。

【教学目标】

1. 能学会演唱《卖报歌》，积极参与《卖报歌》的情境表演活动。

2. 借助听音记录伴奏谱，用长音为《卖报歌》伴奏。

3. 能通过《小毛头与〈卖报歌〉》的小故事，了解《卖报歌》产生的时代背景，激发爱国主义情怀。

【教学重难点】

用恰当的情绪表现歌曲的情感变化。

【教学准备】

多媒体课件、电子琴、学生提前了解聂耳的生平故事。

【课时安排】

1课时。

【教学过程】

（一）复习导入

1. 师生问好，检查学具。

2. 竖笛练习。

（1）单音节奏练习。

用以下节奏分别吹奏"sol""la""si"三个音。

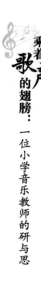

1=C 2/4 × ×|× ×|× ×|× 0‖

（2）练习曲一。

1=C 2/4 5 —|6 —|5 6|5 —|5 6|5 6|5 6|5 —‖

（3）练习曲二。

1=C 4/4 7 6 5 6|7 7 7 —|6 6 6 —|7 7 7 —|

7 6 5 6|7 7 7 —|6 6 7 6|5 ———‖

（4）听音练习一。

教师即兴用"sol""la""si"三个音编配4小节1=C2/4的旋律，学生听后用竖笛吹奏出来。

例如，1=C 2/4 5 5|6 6|7 7|7 —|5 6|7 6|5 5|5 —‖等。

（5）听音练习二。

教师弹奏以下旋律，请大家用竖笛吹奏出来，并让一名学生到台上记录下来：

1=C 2/4 5 —|5 —|6 —|5 —|5 —|5 —|6 —|6 —|

6 —|6 —|5 —|5 —|5 —|5 —|6 —|5 —‖

（6）视谱吹奏黑板上的旋律，并为教师伴奏。

教师弹奏《卖报歌》的旋律，学生用竖笛为教师伴奏。

设计意图：音乐课标中明确规定，学生要在音乐课堂上学会一种有固定音高的课堂乐器，根据教师自身的习惯，安排所带班级学习8孔竖笛，这个学习内容需要长期坚持训练，但还需要兼顾教材内其他内容的学习，因此，安排在每节课刚上课时，利用5分钟左右的时间学习竖笛不仅很有必要，还需要一直坚持。在学生掌握了一定技能后，教师需要将竖笛练习和音乐教材的内容有机结合起来，不仅能激发学生的学习兴趣，更能将课堂乐器作为学习音乐的"工具"的功能发挥出来。因此，在本课开始安排了常规的训练，并增加了记谱和为教师伴奏的练习，教师弹奏的就是本课要学习的内容，这样能很巧妙地从竖笛练习导入到新课教学中来，并在学会歌曲后为歌曲伴奏打下基础。

（二）新课教学

1. 谈话：刚才教师弹奏的歌曲叫《卖报歌》，它和我们上节课欣赏的《义勇军进行曲》一样，都是我国伟大音乐家聂耳创作的。关于这首歌的创作，还有一个小故事给大家分享，课前请两名同学提前预习了这个故事，现在请他们讲给大家听。

两名学生分段读故事。

2. 聂耳在小毛头的帮助下创作了《卖报歌》，我们一起来听听这首歌描述了小毛头卖报的哪些场景呢？

初听，了解歌词的意思，大家用自己的话说出自己听懂的歌词内容。

3. 这首歌表现了小毛头卖报生活中的开心、自豪、痛苦和心酸，我们再听一听，每一段的情绪有什么不同。

复听，关注歌曲中描述的小毛头的情感变化：第一段自信快乐，第二段心酸凄苦，第三段充满希望。

4. 那我们演唱的时候要注意些什么？

第一段，速度为中速稍快，用明亮、活泼的声音演唱。

第二段，最后一句可做稍慢处理，表达小毛头的心酸凄苦。

第三段，恢复原速，到"痛苦的生活"一句时做稍慢处理，表达小毛头的痛苦，最后一句恢复原速，要唱得坚定有力，表达小毛头对光明世界的向往。

5. 你能不能用"啦"分段把歌曲的情感表现出来？

6. 跟教师一起视唱曲谱，唱不好的可以用"啦"代替。

7. 跟琴有感情地齐唱歌曲。

8. 用教唱法纠正错误。

设计意图：音乐是听觉的艺术，引导学生参与听觉体验，发展学生的音乐听觉是音乐教学的中心环节，应贯穿于音乐教学的全部过程。在新授环节，从理解词义到体验情绪，每一环节都设计了聆听活动，让每一次的聆听都带着任务，让每一次的聆听都是有效的体验。多次的聆听也有助于

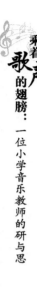
学生对歌曲音调的把握。"啦"的模唱降低了歌曲演唱的难点，更让学生关注音调的准确性，加上竖笛练习时已经弹奏了一遍歌曲旋律，这些环节都为准确演唱歌曲打下了基础，但是学生所唱的歌曲仍然有唱错的地方，当"不等天明去等派报"一句十六分音符的演唱出现错误的时候，就需要教师用教唱法来教学了。另外，视唱曲谱是新课标做了具体要求的，这是学习音乐的基础，因此，每节课我都根据旋律的难易程度，在学生多次聆听熟悉歌曲之后带学生一起唱唱歌曲的曲谱，积累感性认识，培养学生的识谱能力，但对于视唱有困难的孩子，不能做硬性要求，否则会弄巧成拙，让他们对识谱永远失去信心，那就得不偿失了。

（三）歌曲处理

1. 我们已经学会演唱这首歌曲了，让部分同学用上课时听音记录下的音组为大家演唱歌曲伴奏。

2. 你能不能找同学合作演一演歌曲所表达的场景？

3. 学生自由商量排练。

4. 学生上台展示。

5. 请同学互相评价。

设计意图：歌曲处理环节是每首歌曲学唱后必要的环节。在低年级，教师可以带学生一起律动、歌唱表演、用打击乐器伴奏，教学生设计演唱形式，这些都需要教师的具体帮助指导。而到了中高年级，用有固定音高的乐器伴奏、声情并茂地演唱、用不同演唱形式演唱、情境表演等都是经常采用的方式，不管用哪种方式，根据他们的年龄特点和已经掌握的知识、技能，完全可以逐渐放手让他们自由组合，自己去设计。而在评价环节，教师引导学生进行正确的、鼓励性的评价，帮助大家了解哪些是好的做法值得大家去学习，哪些是需要改进的地方我们要摒弃，对学生的评价能力的提高是很有益处的。如果能这样坚持不懈地进行长期的训练、指导，学生各方面的能力都能得到提高。

团结起来力量大

——《划船》教学设计

【教材分析】

《划船》是湘教版一年级下册第十一课的内容，歌曲为F调，2/4拍，它以通俗的语言描绘了儿童在划船过程中战胜困难、心里乐开花的喜悦心情，歌曲为4个乐句组成的一段体结构，节奏平稳，曲调明快且朗朗上口，具有民歌的风格。教材安排了二声部轮唱作为这首歌的演唱形式，是为了贯彻新课标提出的"要更加重视并着力加强合唱教学，使学生感受多声部音乐的丰富表现力，尽早积累与他人合作演唱的经验，培养集体意识及协调、合作能力"，主要目的在于培养学生合唱的兴趣，愉快地与他人合作演唱，为今后的合唱打下基础。

【学情分析】

一年级下学期的学生初步建立了课堂常规，懂得安静地聆听音乐，能借助歌词的帮助理解歌曲所表达的主题，能自然轻声地演唱歌曲，在教师的指导下能关注音乐的一些要素，并能做出相应的反应，已经学习了 ×一、×、×̲ ×̲、0几种节奏的唱、奏方法，接触过二声部合唱的练习，对大自然、对社会生活有一些浅显的认知。

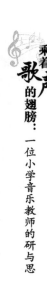

【教学目标】

1. 能用自然的声音，大胆自信地演唱歌曲《划船》，表现歌曲的情绪。

2. 在律动活动中，能初步感受音乐的快慢和强弱变化，并做出相应的身体动作。

3. 能在歌曲演唱中，与他人合作，初步感受二声部轮唱和谐的音响效果。

【教学重难点】

重点：用自然的声音和体态动作表现歌曲的情绪。

难点：二声部轮唱的演唱。

【教学设想】

根据教材内容、学生情况和所确定的教学目标、重难点，本课将采用情境创设法激发学生的联想和想象，将学生带到划船的环境中去，用西班牙民歌《划船》作为教授新课前的律动曲目，随着西班牙民歌的旋律进行走步，在感受到音乐的快慢和强弱变化时，做出相应的身体动作，以此激发学生兴趣，指导学生积极参与到音乐实践活动中来。在新歌教学时采用多次聆听、体态律动的方法，带领学生掌握歌曲的曲调和节奏，体验歌曲所表达的情感，引导学生用身体动作表达歌曲的情绪。二声部轮唱引导学生联想划船比赛你追我赶的镜头，进行师生合作、生生合作的练习，既关注了知识点的学习也关注了情感的表达，以此达到"以音乐审美为核心""突出音乐特点"的音乐课程理念。

【教学准备】

手风琴或电子琴，录音机或多媒体设备。

【课时安排】

1课时。

【教学过程】

（一）情境创设，激趣导入

1. 同学们，今天天气真好，我带大家去公园玩，为了保证安全，去公园的路上不能说话，要听着音乐踏着整齐的步伐走，当我的琴声发生变化时，一定是发生什么事情了，动作要和音乐一致哟！

2. 用西班牙民歌《划船》为背景音乐，师弹奏音乐，学生原地踏步，师变换强、弱、快、慢弹奏，学生做出相应变化。第一遍，教师语言提示音乐变化的场景：大家踏着整齐的步伐走（音乐强），路边的老爷爷在凳子上睡着了，别吵醒他哦（音乐弱），小明掉队了我们等等他吧（音乐慢），公园有好玩的活动呢！我们快点去参观吧（音乐快）。第二遍不提示，音乐变化动作变化。

设计意图： 音乐来源于生活又高于生活，音乐课应展现音乐与生活的有机联系，把生活经验音乐化，将音乐问题生活化，在生活和音乐之间架起一座桥，以此来激发兴趣，培养创造力。本课在导入环节，用生活中大家熟悉的场景提示音乐变化的原因，学生会很容易理解，并且做出相应准确的动作，在律动过程中，也培养了学生聆听音乐的习惯。随音乐律动也符合新课标"综合性艺术表演"中一至二年级学生"能够配合歌曲、乐曲用身体做动作"的要求。

（二）聆听体验，学唱歌曲

1. 我们来到了公园，好热闹哇！那我们就坐下来看看热闹吧！有一首歌描写得很清楚，大家安静地听听这首歌，人们在干什么？初听歌曲《划船》。生回答，出示课题。

2. 他们划船是什么样的心情呢？两段表现的场景有没有变化？复听歌

曲。生回答，教师小结词义，后带学生一起按节奏读歌词。

3. 你能不能用动作表示出他们划船和开心的样子？

4. 现场有些什么声音呢？能不能用我们学过的节奏配上动作表示出来？同桌的两个同学互相讨论后展示。

比如，加油声：2/4 × 　　× |× 　×|

　　　　　　　加油！　　加油！

用力声：2/4 ×× 　　×× |×× 　×× |

　　　　　嗨哟　嗨哟　嗨哟　嗨哟

风声：2/4 × 　— | × 　— |

　　　　　呜　　　　呜

……

根据学生的情况师选择其中两组，引导学生听音乐进行训练。

5. 师弹奏乐曲，生分两组进行合作表演。

6. 现场可真热闹哇！我们已经聆听了多遍歌曲，你能不能跟着老师的琴声唱一唱呢？请注意轻声唱歌，另外，两段表演的场景不一样，速度和力度也要有区别哦！

7. 划船比赛谁都不想落后，大家你追我赶，各不相让。这首歌的第二段就是表现你追我赶的镜头的，今天我们要学习一种新的演唱方法：轮唱，第一组先唱，唱到第三小节时第二组开始加进来从头唱，到结尾处，第二组的就不唱结束句，和第一组同时结束。请一个同学和老师一起试试。

8. 同桌的两个同学合作试试这种唱法，注意两个人的音量要一致。

9. 全班分两组，集体跟原唱看指挥练习。

10. 全班分两组，集体跟伴奏练习。

设计意图：音乐是听觉的艺术，引导学生参与听觉体验，发展学生的音乐听觉是音乐教学的中心环节，应贯穿于音乐教学的全部过程。在新授环节，从理解词义到体验情绪，到学唱歌词和轮唱练习，我都设计了大量的聆听活动，让学生每一次的聆听都带着任务，让学生每一次的聆听都是有效的体验。另外，根据一年级学生对音乐情绪把握有困难的情况，我借助歌词，帮助学生体验歌曲的情绪，再加上体态律动，使学生身临其境。

（三）分组合作，有创意地表现

1.各小组以小组长为牵头人，分配角色，进行分工排练，按各组自己喜欢的方式表现歌曲。

2.小组展示。

3.互相评价。（自评，互评）

设计意图：合作学习是新课标在"过程与方法"目标中表述的学习方式，要求"在音乐艺术的集体表演形式和实践过程中，能够与他人充分交流，密切合作，不断增强集体意识和协调能力"，而在学段目标"综合性艺术表演"部分，也对一二年级学生提出了具体要求："能够与他人合作，进行律动、集体舞、音乐游戏、儿童歌舞表演等活动。"正因此，本课安排了小组合作表演的活动，发挥组长的组织能力，分配角色，进行分工排练，充分调动每一名同学参与活动的积极性。评价方式是自评和互评，也是新课标要求的多元化的评价方式，有助于每一名同学关注自己小组表演的同时也尊重其他小组同学的劳动，在自评、互评过程中，提高学生的评价能力。

（四）小结，结束教学

师：今天我们学习了《划船》这首歌，并且第一次学习了用轮唱的方式演唱歌曲，表现出了划船的小朋友们齐心协力战胜困难和无比开心的情感。团结起来力量大，希望同学们在以后的学习、生活中，也能够互相团结，齐心协力，战胜困难。

设计意图：思想品德教育一直是我国各级教育、各学科要求落实的内容，作为"审美教育"的音乐学科，也必须落实这个要求，但是生搬硬套、苦心说教都是不可取的方法，应该将思想品德教育寓于音乐实践活动中。在本课中，不管是歌中划船的小朋友，还是同学们合作演唱歌曲，都能够体现团结起来力量大的集体主义精神，在教学活动中适时点题，在最后小结时稍加总结，本课的品德教育任务就基本完成了。

下 篇

反 思 总 结

未来，掌握在自己手中

一、一点说明

  小学数学培训点的负责人在给我布置作业的时候说，让我根据我成长为特级教师的经历来辅导大家制定专业发展规划。说实话，从我个人而言，虽然是省级骨干教师、市级骨干教师、市级学科带头人、第一批襄阳名师，也是襄阳市第一名音乐学科的特级教师，但是，如果仅仅从我个人的成长经历来给大家做范本显然是不合适的。因为，音乐学科是个小学科，相对于拥有众多教师的数学团队来讲，机会要多得多，因此，今天和大家分享的可能有些偏颇，只能说拿出来让大家做个参考。

二、制定专业发展规划的前提

  面对飞速发展的社会、日新月异的知识和个性多样的学生，我们作为教师必须持续不断地学习，主动寻求专业发展，才能适应时代的要求，才能做一名21世纪的合格教师，因此，教师很有必要制定个人专业发展规划，并通过有效实施规划以达到促进自身专业水平不断提高的目的。

  但是，我认为首先要解决的不是怎么制定规划的问题，教师专业发展规划的各式各样的范本在网上的资源多到不可计数，很容易粘粘贴贴就成了一篇洋洋数千言的规划，而写过规划之后，我估计，今天在座的教师80%以上的规划会成为一纸空文，见不到行动和效果。为什么？因为这是继续教育中心或者数学培训基地的要求，而不是自我的需求。这样，今天的培训将会流于形式，有可能白白浪费了大家一下午的时间。我认为，制定专业发展规划的前提是一定要解决发展的意愿问题。即谁需要你成长？是自我需求还是学校领导？还是上级部门？据我了解，在说到专业发展的时候，还是有很明显的"瓶颈"的，"各种培训、学习、研讨活动持续升温，教师疲于应付""没有骨干教师、名师的帮助指导，教师难以快速成长""随着年龄的增长，专业发展的压力与日俱增"……诸如此类的问题在教师们的观念中很普遍。为什么教师对培训、学习疲于应付？在我看来，这主要是因为一些教师把工作仅仅当成谋生的工具，把生命与工作割裂开来，缺乏作为教师的职业幸福，缺乏做好本职工作的强烈意愿！这一判断在《成功长青》一书中得到了印证。该书作者美国管理学家杰里·波拉斯公布了一条坏消息："不能从事自己热爱的事情是很危险的。残酷的现实是，如果你不热爱你所做的事情，你终将会被那些从事自己所热爱的事情的人击败。"

当人的意愿足够强烈时，世界上最好的方法会自动呈现出来。教师专业发展最缺的不是知识、技能，不是方法、技术，甚至也不是理念，而是发展的意愿。教师的发展意愿不仅决定着自身专业的发展层次，更决定着学校的发展前景。然而，现实的问题是，很多学校并没有注意到教师的发展意愿这个最重要的因素。

现在，每个人都在提教师专业成长，但这仅仅是一种表象，其背后更多的应该是教师的发展意愿，还有教师的精神成长。对于多数教师来说，之前的教育由于父母、教师过多的包办代替、控制，他们在自我实现的道路上遇到了挫折，丧失了独立的能力、选择的能力、爱的能力，活在焦虑、倦怠的情绪中，精神上可能还处在"儿童期"。因此，在我看来，一位教师唯有构建了自己的教育理想，构建了教师的角色期待，才有可能找到目标和方向，才有可能让规划和理想成为现实。

在这里，我想推荐大家读一本书——《创造幸福的教师生活》。这本书让我对教师成长与幸福之间关系的理解更加理性，陈大伟教授根据马斯

洛需求层次理论为教师量身打造了创造幸福生活的理论"路线图"："首先需要调整生存取向，立志过一种超越现在的生活；其次要进一步关注自己的学习成长，增强自身的本质力量；最后是创造性事件，体现人的本质力量，在增强和体验自身力量的活动中，以一种审美的方式获得幸福的体验。"作者又为教师量身定做了发展的实践路线：内化——读书，学习；外化——劳动，创造性地工作。作者的观点让我明白，每一名教师都能找到并创造属于自己的职业幸福。

在这里，我想将教师分为三类。

第一类：有成长的需求、有目标、有行动的人，我称其为主动成长的人。

有句话说得好：一心向着自己目标前进的人，全世界都给他让路。

我想用我们学校已经调走的景红春老师来说明。她就是一个这样的人，一上班，就有成长的需求，有自我规划的目标，在实践中有持续不断的行动，我们看到：她大量地读书、学习，大量地讲课、实践，一有机会就听课，向老教师学习，向身边优秀的老师学习。特别有两件事我印象深刻：第一件，我到她家去玩，随手翻了一下放在手边桌子上的一本教育方面的书，书名我已经不记得了，翻开封面，扉页上写着："赠：景红春老师（张光河）。"我当时就特别奇怪，情侣们送的礼物一般是衣物、首饰等物品，他们之间的礼物竟然是书，问了景老师，她说，这是她和她老公谈恋爱的时候，老公知道她喜欢看书，在她生日的时候送她的。可以见得，景老师真的是喜欢读书学习的。第二件，景老师原来是大队辅导员，她当大队辅导员之前，是我在负责训练鼓号队的。她当大队辅导员后，因为岗位的调整，我也没有时间再训练了，我就跟她说，这个训练方法是很容易学会的，她又说了一句让我记忆犹新的话："我要学的东西太多了，没有时间学习鼓号队训练。"于是，学校的鼓号队训练就请了外面专门训练鼓号队的老师来。我说这个故事并没有谴责她没有做好本职工作的意思，我也没有资格谴责，更没有煽动大家为了完成自己的意愿拒绝学校安排的其他工作的意思，因为她用别的办法达到了目的完成了学校交给的任务，不过利用了校外的资源而已。我想表达的是，从这件事看出，作为教师，她成长的目标很明确，一直在向着她想要努力的目标在努力，因此才有了她现在的发展，被评为特级教师，取得高级职称，考上了研究生，顺利地调到上海一所学校当知识主管，在上海又一次迎接了对外省调入特级教师的重新认定，在20多位重新认定的特级教师中，只有7位通过了上海市的认定，其中就有景老师。后来听说，她在周边省市已经得到了大家的认可，真正成了专家型的教师，经常在外校、外省作报告。她的成功告诉我们，成功=意愿+目标+行动。除了我说的景老师，大家可以审视你周围的名师、专家，他们的成功并不是偶然的，背后付出的辛苦和劳动可能不为人知，但是他们是一直在向着他们的目标前进的人。我们中间也许有这样的人，那我要说：祝贺你，你一定会成功的！

第二类：有成长的需求，但需要督促、指导和帮助的人。我称其为被动成长的人。

被动成长不是不愿意成长，有些人是缺乏自我规划的意识，缺乏这方面的能力，而需要在学校领导、专家、同事的帮助下成长；有些人是有能力，但没有意识到确定目标的重要性；有更多的人，是空有一番需求，缺乏具体、勤奋的行动。这一类人可以说在我们中间是大量存在的，很多教师在教学中、在教育的大环境中，感受到了自己的不足，也想进步，但是缺乏有针对性的指导，缺乏持续不断的动力和行动，需要名师或者学校领导的督促和帮助，遇到困难容易放弃。我可能属于第一种人，可以说，我每一个成果和每一次的进步都与名师、专家、领导的督促、帮助和引领很有关系。记得我在上小学五年级时遇到我的班主任皮老师，皮老师很有才，幽默风趣的语言透露出无比的智慧，从那时开始我就暗暗下定决心，要当一名像皮老师那样的老师。当时比我大十几岁的副校长章辛，她对我选择任教学科、在教学中的指导让我终身受益。因为省教研室下了一个"器乐进课堂"的课题，全市只有两所学校有机会参与实验，章校长当时分管学校的艺术教育，在章校长的努力下，这个实验放到了我们学校。当时我们学校只有一位专职的音乐老师，其他的都是由语文或数学教师兼代，师资力量显然不够。因为我喜欢音乐，在师范选修的是音乐，会弹钢琴，会拉手风琴，另外还会吹口琴，器乐进课堂实验最重要的乐器之一就是口琴，章校长就动员我教音乐，承担这个实验。因为音乐是我的兴趣爱好，当时我想都没想就答应了。按照实验的要求，我学习了吹竖笛，学习了器乐教学法，学习了如何做课题实验，特别是还得到了当时省教研室的胡继良主任的亲自指导，他拿着我写的实验方案和实验小结，对如何做课题研究做了具体的指导，当时省教研室的音乐教研员朱则平和市群艺馆的杨秋仪老师也给了我很大帮助，可以说，从当音乐教师开始，从做课题开始，我才觉得自己成了一个明明白白的教师，所以我干得很有劲头，当时的目标就是：我要对得起学校领导给我的机会，对得起我自己的良心，对得起孩子们。刚刚开始教音乐就进行课题实验，这在我们现在看来几乎是不可能的，但由于我有这个目标，我将不可能变成了可能。8个班的实验，16节课，教材上没有器乐教学内容，我到处找资料，当时又没有网络这种方便的方式，甚至电脑都没有见过，只有找朋友借，到书店买，选择的教学内容既要结合学生年龄特点，又要结合音乐教材，一部分班是口琴实验，一部分班是竖笛实验，竖笛是我刚刚学会的乐器，马上又要教给学生，原来的班级每个班是80多人，要让80多人都愿意学习，教学效果落实得花多少工夫大家可以想象得到，具体情况我就不再啰唆。功夫不负有心人，第一次参加省里的课题阶段性总结会，我写的学校实验阶段性总结就获得了二等奖，并且由章校长代表学校根据我的总结在省课题会上作典型发言，我俩合作的文章发表在国家级刊物《中国音乐教育》上。而我带的两个器乐队的学生也因此受益，因为这个小小的课堂乐器让她们喜欢上了音乐，喜欢上了音乐教师这个职业，现在他们在襄城区的学校教音乐，两人均获得过市级音乐优质课一等奖的好成绩。这一次的成功给了我很大的动力，在以后的教学生涯中，继续得到我们学校几任领导的帮助和支持，得到市教研室音乐教研员游主席的指导，也得到了我们学校其他音乐教师的帮助，在音乐这个小学科的教学中取得了一些成绩。这是他人因素的影响，就我个人而言，我受非常拼命的党员妈妈的影响比较多，她是襄阳师范学校的校医，每天的上班时间是"24小时"，白天上白班，晚上随叫随到，所以被我称为"24小时"，对她来说：患者的需要就是她的目标。所以我的下意识的目标就是：领导的要求就是目标，工作的需要就是目标。为着这个目标，我一直在行动：学校需要我去当音乐教师我就当；需要我做课题研究我就做；器乐进课堂实验是基于匈牙利的柯达伊教学法，我根本没接触过，我就现买书现学；需要我训练鼓号队我不会，就拿着小军号到处找老师学吹号，学训练方法；需要我参加优质课讲赛我就讲；需要我写文章我就写；工作上需要我学习电脑、学习做课件我就学习；统计绩效工资需要Excel我不会就自己花钱去学。只要是工作需要，加班加点都无怨言，在不断按照学校要求完成任务的过程中，在不断完成眼前目标的过程中，我进步了，我成长了。

用我自己的例子我想说明：每个学校除了教师个人有自主需求外，还有很多学校的名师培养对象和富有特色的名师培养办法，那些能在培养梯队里占一席之地的教师，一定是愿意按照学校的要求，愿意接受学校的帮助被动成长的，这也不失为一种教师成长方式，但是这种方式的局限性很大，因为它是基于学校的大局考虑，能不能结合教师个人实际情况和个体需求来进行培养，是不能得到保证的。所以，这一批老师，才是真正需要今天这样的培训的人。今天接受培训后，我想，这样的老师，再多一点主动，再多一点自觉，再多一点目标性，多一点学习、实践和思考，我想，他一定会离成功越来越近。

第三类：自认为已经够格，没有更高的目标，不愿意继续努力，不愿意继续发展的人，我称其为停滞不前的人。

这一类人在学校也有很多，这些教师，他们很可能会在同一个岗位上，数十年如一日地工作，直至退休。所以教师与学生间的关系是一种相

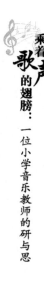
对稳定的关系，这种相对稳定性稳定得近乎机械地重复，在很大程度上制约着教师，削减了教师劳动本身的活力与创造性。当教师在一个岗位、一所学校中，经受岁月反复打磨10年、20年，甚至30年后，任你干劲冲天、热情澎湃、富有创造，也会在岁月的打磨下热情衰退、创造枯竭，进而产生职业倦怠。对于这些教师来说，岁月的流逝只意味着年龄的增长，意味着日复一日地重复昨天的自己。《墨子·修身》里有这样一句话："志不强者智不达。"其意思是如果一个人的志向不坚定，那么他的才智就不能被挖掘出来。世界上最贫穷的人并不是身无分文的人，而是没有大目标的人。只有胸怀天下、目标远大的人才能获得成功，身为教师尤需如此。西点军校第一任校长，乔纳森·威廉斯曾说过："不管你有多么伟大，你依然需要提升自己，如果你停止在现有的水平上，实际上你是在倒退。"小到言谈举止，大到人生态度，都离不开主动的提升。成功的路不止一条，成功的标准也不止一个。有勇气不断超越自己，不断超越过去的人，才有可能跻身于成功者的行列。在原有的经验上停滞不前的人，终有一天会被淘汰掉。

分析了这三类的人，大家应该很清楚，制定专业发展规划的前提是，教师必须有主动发展的意愿，才能真正切合自己的实际来确定发展目标，才能在实际工作中为了实现目标采取更多的行动，才能最后走向成功。就像我题目所说的那样：未来，掌握在自己手中。

三、制定专业发展规划

教师制定个人发展规划可以从以下几个方面着手。

（一）自我分析：全面充分认识自己

第一，对自己的能力、兴趣、需要等个性因素进行全面的分析。教师要充分认识自己的优势与劣势；诊断自己所存在的问题，如问题发生的领域、问题的难度等；找到自己最擅长的领域和专业发展方向，找到自己最适合的领域或空间，谋求个人的最大发展；列出自己的成长领域，并确定优先领域。总之，只有通过不断的自我分析才能认识自己有哪些优点，如你已从事教育工作许多年，那么你肯定有丰富的教学经验，有扎实的教学基本功和一定的教育科研能力，同时肯定存在一些不足之处，如理论功底不扎实，教育教学理论水平还有待提高等。这些都需要我们不断地对自己进行自我剖析才能意识到。

第二，分析教师专业发展的需要。教师专业发展归根结底是为学生发展而服务的。因此，教师寻求专业的发展，必须先了解学生的发展需要，从自己在教育教学活动中不适应的地方去寻找发展的目标，以弥补不足。教师专业发展的重点应放在教育能力、教学能力、科研能力的提升上，放在具体的教育教学实践改善上，而不是单纯围绕自己的知识结构读书、学习和培训。

（二）目标确立：形成愿景

有效的专业发展规划需要切实可行的目标，以排除不必要的犹豫和干扰，全心致力于目标的实现。有了目标，便有了人生奋斗的方向。教师个人专业发展目标我们把它从时间上分为短期目标、中期目标、长期目标。短期目标的时间一般是1～2年，可通过自主学习提升专业理论素养。中期目标的时间为2～3年，主要是提高课堂教学艺术，强化教学反思能力，提高教育科研能力以及重构自身专业知识结构等。长期目标为3～5年的目标，主要是提高教学效率，促使自身教学品质专业化、风格化。当然，时间的划分及个人发展目标的实施要因人而异。

（三）制定具体的措施，落实规划

在落实规划时，教师首先要把已制定的发展目标进一步分解为若干个子目标，其次选择完成各个子目标的、合乎逻辑的、可操作的行动项目，最后对这些行动项目在时间上进行系列性的安排。这些行动项目是一个个具体的活动，如读书、研究活动等。为了提高活动的实效性，每一项活动都要制订出行动方案，包括内容、步骤、程序、时间和预期的结果等。

确定目标后，教师应该把精力都集中到如何实现目标上来，要学会用

良好的心态和宽广的胸怀去接受那些你改变不了的事情，多关注那些与目标相关并且你能够改变的事情，只有这样，才能使每一分钟都得到有效利用。

教师个人专业成长是一个教师终身学习的过程，也是一个教师不断解决问题的过程，更是一个教师的职业理想、职业道德、职业情感、社会责任感不断成熟、不断提升、不断创新的过程。

在实施规划的过程中，有几个关键词提醒大家注意。

1. 读书

有人说："在学校里，最可怕的是一群不读书、缺乏智慧的教师在辛勤地工作。因为这样的教师会辛辛苦苦地把本来聪明的孩子教得不会学习。"

读书对教师意味着什么？读书是一种备课、一种积淀、一种成长、一种研究、一种修养……教师要多读书，读"修炼内功"的书，丰富修养，积淀底蕴；读学科建构的书，提升自我驾驭课程、教材、方法、技能的水平；读教育理论的书，寻找路标，矫正方向。教师不阅读，就只能在原地转圈，难以实现自我超越。

今天，读书已不仅仅局限于文本，还包括读互联网、光盘、影视资料等。首先，教师要读教育专业的书和专业的教育报刊，了解教育的前沿理念，获悉同行正在思考的问题。其次，教师要读孩子们看的书，进而走进学生心灵。最后，教师要读人文书籍，开阔的视野更利于课堂教学工作。在读书的过程中，教师要把读书和思考结合起来，把读书和教研结合起来，把读书和写作结合起来，把读书和应用结合起来，把读书和志趣结合起来，这样才能事半功倍，才能在尽享阅读乐趣的同时，感受自我成长的喜悦。

2. 学习

三人行必有我师。事实证明，向名师学习是各行各业的成功经验。既然向名师学习是教师成长的快速路，那么我们去哪儿找这些名师并向他们学习呢？

学习可以从身边的优秀教师开始。许多教师都有自己独特而有效的教育教学方法，教师间可以互相学习，互相促进。利用好本校和本地区的优秀教师资源是学习的第一步。

教师学习不能局限于"内向学习"，否则很容易故步自封、停滞不前。所以，学习要内外兼具，在"内向学习"的同时，向"请进来"的名师学习。每年市里都会请各地优秀教师和专家进行指导，有些学校也有这样的安排，教师完全可以利用这个机会和他们交流教育教学中遇到的难题，学习他们的先进教育理念和做法，进而提升自己的教育教学水平。

3. 实践

说到实践，教师们可能马上会说："我天天都在实践。"不错，教师的工作就是实践，备课是实践，上课是实践，批改是实践，辅导、评价等都是实践。但我说的实践是有要求的实践。首先，实践要讲究科学性。其次，实践要标新立异。教师在教学实践中应该经常用这样两句话提醒自己："是不是只有这一种做法？""还有没有更好的做法？"最后，实践应该有恒心，因为教育是有周期、有过程的。浅尝辄止是教育实践的大敌。

4. 思考

孔子云："学而不思则罔，思而不学则殆。"思考是非常重要的行动，而缺乏思考则是教师普遍存在的问题。课没上好、事情没做好都是生活中常有的，主动或自觉地回过头去再想想，这样的教师为数不多。我认为，"完整的一堂课=课前准备+课中呈现+课后反思"。虽然我们更强调反思，但真正把课后反思当成课的一个部分的教师为数不多。

很多教师怕思考，思考了也往往浅尝辄止，满足于一知半解；有的教师教育学生时机械呆板、急于求成、不思进取；有的教师上课生搬硬套，照本宣科，丢失了自我的思想；有的教师只知道埋头苦干，只"干"不"思"，缺少创新，缺乏真知灼见；还有的教师只学不"钻"，看似"认真"读书看报，实则是"读书看目录，读报看标题"，蜻蜓点水、一目十行、不求甚解，不愿联系实际做深入思考……其实，一个想有所作为的

人，首先是一个爱琢磨问题的人。他的思维是活跃的，哪怕只是一个小问题，一种司空见惯的现象，进入他的视野后并不是盲目地肯定或否定，而是全面地、变化地、发展地审视它，再得出结论，并从中有所收获。

5. 写作

写作是教师的基本功，也是教师专业成长中重要的环节。写作有很多形式，如课堂反思、教育叙事、教学案例、论文等。如果教师能在长期的教学实践、教学思考后，以教育写作的方式梳理、锤炼、提纯、升华、沉淀其中的智慧，就可以在日积月累中完善和形成教师独特的教育思想。教育写作之"源"是实践，是课堂，是教师的责任心；教育写作之"流"是思考，是反思，是教师的个性教育思想。无源不成流，有流必有源。只有当思想之光与责任之力交融，才能赋予责任方向和理智，才能让责任发出正能量。一个时刻思考特别是不断反思的教师，才是一个对教育、对学生、对自己都极其负责的好教师。

一直在行动

——教育教学成长手记

蓦然回首，不知不觉间已经度过了35年教学生涯。行走在教育教学之路上，成长在音乐教育这块沃土上，回顾自己的成长经历，我觉得可以用"行动"这个词来浓缩概括。

35年中，我教过语文、数学、道德与法治、劳动、音乐、美术等学科，担任过班主任、中队辅导员、备课组长、教务室主任、政教室主任、副校长。任教学科、工作岗位不断在变化，我也在其间逐渐成长，从一名普通教师成长为湖北省特级教师、湖北名师。在我成长的每一个阶段，既有精彩之笔，也有失败之处，或许还有些稚嫩，但我始终坚持"行动第一"这一理念，将其踏踏实实地贯穿在35年教育教学的点点滴滴中，持续不断地行动着，最终从稚嫩走向成熟、成功，直至取得今天的些许成绩。

一、兴趣+行动，我与音乐不得不说的故事

爱因斯坦说过，兴趣是最好的老师。我从一个普通的师范毕业生走到音乐教育这条路上，并且取得了一定的成绩，这和我对音乐的兴趣是密不可分的。空有兴趣，没有脚踏实地的行动，兴趣最终也就只是兴趣，不会为个人成长带来任何帮助。有了兴趣这块坚定的基石，再加上持之以恒的努力付出，我在音乐学科这块领域才会脱颖而出。

（一）喇叭引发的惊艳

我的童年，是在湖北枣阳乡下的小山村里度过的。刚满10个月，我和双胞胎妹妹就被外婆带回了老家。虽然当时与音乐无缘，但家乡的亲戚们善良朴实，勤劳上进，培养了我们强健的身体和不怕吃苦、处事实在、真诚待人的性格，让我不管是在工作还是生活中都终身受益。

在漫山遍野跑了5年后，我们回到母亲工作的原襄阳师范学校（以下简称"襄师"）附属小学上学。从封闭的小山村到了热闹的大学校，热闹的场景吸引着我们：干净的柏油路，漂亮的红砖白墙大瓦房，道路两边高大整齐的白杨树，每到晚上就灯火通明的灯光球场，我们就像刘姥姥进了大观园，每天一放学就满学校乱跑看稀奇。最吸引我的，是学校高音喇叭播放着的一首首革命歌曲。虽然听不懂歌词讲的什么，但那铿锵的节奏、洪亮的声音、振奋人心的曲调，却把一个在半封闭状态农村生活了几年的小姑娘震惊了，用"惊艳"这个词来形容一点儿都不夸张：这是什么歌？这么好听。这声音从哪里来的？那么多人怎么钻进大喇叭里的？……每天只要广播响起，不管我在做什么，都一定会趴在那里死死地盯住大喇叭入迷地欣赏，以为说不准能看到那些唱歌的人从里面走出来。这样一遍一遍地聆听，很多歌听多了自然而然就会唱了。

现在想来，幼小的我居然无师自通地运用了现在属于音乐教学法里的听唱法，和许多老艺术家通过口口相传听唱的方法走进艺术的大门不谋而合，和现在音乐新课程标准里阐述的音乐学科加强聆听的理念不谋而合。音乐随着大喇叭在我心中悄悄播下种子，领着我走进了音乐的天地。

（二）乐谱带来的启蒙

就在这个校园里，我上了小学。我们的任课教师大多都是到学校附近的村子里下乡的知识青年，并没有经过正规的师范教育，同一门课今天这个老师教明天那个老师教，流动性很大，有时还会出现知识性的错误，因此，三年级以前的老师我几乎都不记得。但唯有音乐老师记忆犹新，她就是师范学校毕业的黄家云老师。她不仅给我们教唱《东方红》《我爱北京天安门》《一分钱》等大家耳熟能详的歌，还教我们识简谱。这些1、2、3、4、5的数字，在黄老师口中变成了悦耳动听的旋律，让我感到特别神奇，从那会儿开始我就喜欢上了音乐。后来才发现，这在当时上学都成问题的年代，上小学竟然还能接受到正规音乐院校毕业的老师的音乐课教学，是一件多么幸福的事！

到了初中，我还有幸接触到了五线谱，更有幸地是能跟襄师的哥哥姐姐们用同一个音乐教室上课。教室里有脚踏风琴，当老师弹奏起脚踏风琴，那悦耳的琴声真地令我神往。那个时候没有兴趣班，母亲也因为工作繁忙和一个人带我们姊妹忙得焦头烂额，根本没有想到能利用襄师的设备和师资让我们学些什么，但是对音乐的喜爱让我处处都在想办法跟它多接触。只要听到一首不熟悉的歌我就去跟着学，听到会唱的歌，就会开心地跟唱，看到一首听过的歌的歌谱，就一定要把它抄下来，并且试着去把它的简谱唱下来。到现在我还保留着好几本初中、师范时抄写的歌本。这和我们现在新音乐课程标准中建议"降低识谱视唱的难点，通过聆听熟悉歌曲后再去视唱歌谱"的方法又一次不谋而合。可见，兴趣给予的源动力，无形中让我找到了学习音乐的方法。

（三）乐器打下的素养

学吹口琴。我上初中时，爸爸也从大西北调回襄樊，在襄师当采购员，他见我这么喜欢音乐就给我买了一支口琴，并且是敦煌牌的重音口琴。对于一辈子都节俭的父母来说真是奢侈了一回，而对于我，那真的是让我欣喜若狂。我每天一没事就拿着吹，开始纯粹是瞎吹，后来看懂了说明书，开始按照说明书上教的方法吹，还自学了好几种手震音、正拍伴奏、后加伴奏的方法。学伴奏的时候，两个嘴角一次一次被磨出了血印，我都没有停。这是我第一次学习乐器，而且是自己琢磨、自己练习获得了成功。一把小小的口琴让我品尝到了付出行动收获的快乐，也成为我音乐素养关于乐器方面的敲门砖，为我后来工作时被选中参加省级课题实验打下了良好的基础。

学弹钢琴。初中毕业时，我在口琴的帮助下，已经能够独立视唱像《难忘今宵》这样有一定难度的简谱歌曲，并且通过识谱把歌曲学会。考上襄师以后，必修课是脚踏风琴，这当然也成了我最喜爱的一门课。除了上课认真练习，业余时间我也几乎都待在琴房。功夫不负有心人，刻苦训练的结果是我被选中学习钢琴。当时学校条件有限，钢琴很少，我们班我是唯一一名被选中学习钢琴的学生。但学习钢琴只是安排了琴房的时间表，没有教师指导督促，去不去弹没有人过问，弹得怎么样也没有人关心，一切全凭自觉。我珍惜这难得的机会，不仅把属于我自己的练习时间都用完，而且一发现琴房空着就央求琴房管理员开门，并信誓旦旦地保证只要别的学生来练习我马上就走。寒暑假，我也经常是在琴房度过的。三年的时光，凭借对音乐的热爱，我自始至终踏实练琴，后来在全校音乐比赛中，我获得了器乐演奏第一名的好成绩。毕业后还代表襄师与当时留校任教的同级校友吕忠福老师参加襄阳市的演出，弹奏了一首四手连弹，获得了好评。

学拉手风琴。我上襄师时，学校部分从现在的襄州区古驿镇搬迁到襄城区隆中街道千山社区。我们八四级是第一届从入学就在千山就读的，而高一届的八三级学长却还在古驿那边的老襄师上了两年。一年级放暑假后，我回到还没搬家的老襄师家中，八三级也已经放假，但留了部分学生护校。有一天，我从他们的寝室路过时听到了悦耳的琴声。已经学了一年脚踏风琴的我当然知道那不是脚踏风琴，虽然音色有些相似，但更好听，表现力更为丰富。这是什么琴？按照我的习惯，我一定是要探个究竟的。我没事就在那附近转，终于有一天，看到一个男生抱着手风琴在寝室门口拉，时值十五六岁的我，看到男孩子就脸红，我躲到旁边看了很久，最后央求妈妈去打听，妈妈很快打听清楚，那是手风琴，从学校借出来的。我立马下定决心：我要学！我接着又央求妈妈帮我找学校的音乐老师，也就是一年级教过我音乐课的黄老师，按学校规定借了一台32贝斯手风琴。那个假期，老襄师琴房不开放，我就天天学拉手风琴，看不懂教程又不好意思找那个八三级男生问，就写个条子让妈妈传递，跟他学拉琴。后来，我听说学校的汪文晏老师也会拉，就又拜汪老师为师。因为有脚踏风琴的基础，手风琴学起来还是很快的，时间不长我就上手了。暑期结束开学时，我们召开班级联欢会，我展示了暑期收获——表演了简单的手风琴独奏，让同学们称赞不已。一个假期的学拉手风琴行动，为我以后的音乐教学奠定了基础。直至现在，手风琴依然伴随着我，走进了我的音乐课堂和工作生涯，为我的学生、我的生活和工作带来了无尽的乐趣。

后来，因工作需要或者兴趣使然，我又陆陆续续学习了吉他、排箫、葫芦丝、竖笛几样乐器。在我们单位的联欢会上，我进行了葫芦丝表演，另外，我还参加了襄阳市几位音乐教师自发组织的教师直笛乐团，并在湖北文理学院举办了专场音乐会，我参加了多首曲目的演出。学习每一种乐器的过程于我都是快乐充实的，也为我从事音乐教学、当好音乐老师打下了坚实的基础。

（四）教学给予的幸福

曲不离口，拳不离手。乐器只要不天天练习就会生疏。因为各种原因，有些乐器不常用，不常练习，已经很有点生疏了，也没时间去再练。但到现在，一直没丢的是手风琴和竖笛，它们为我的音乐教学立下了汗马功劳。

工作三年后，湖北省教育厅教学研究室（以下简称"省教研室"）开展了"器乐进课堂"的课题研究工作，襄樊市（今襄阳市）只有两所学校有机会参与实验。在学校的努力下，我们荣幸地参加了这个课题实验。学校当时只有一名专职的音乐老师，其他的都是由语数教师兼任，师资力量显然不够。我当时教的是二年级数学，因为我一直喜欢音乐，"器乐进课堂"课题实验最重要的乐器之一就是口琴，正好是我的兴趣特长所在。学校就动员我代音乐课，我从此就走上了音乐教育这条路，与音乐教学结下了不解之缘。口琴、竖笛、手风琴、歌曲、舞蹈随着我走进了音乐课堂，走进了我参与的课题实验。看着孩子们欢乐地唱着、跳着，沉醉在音乐的

海洋里，我由衷地感受到作为一位音乐教师的幸福。

（五）论坛开启的视野

业余生活，除了练习器乐，我也经常听音乐，有录音机后买了一大堆磁带，有CD机后买了一大堆光盘，基本上都是钢琴曲、小提琴曲、交响乐、奏鸣曲等，还有后来流行的班得瑞、理查德·克莱德曼经典钢琴曲等带有时尚元素的音乐。学会上网后，我还被一个论坛邀请在其中一个版块"文艺论坛"当版主，和全国各地的朋友在网络上交流欣赏音乐的心得。来自四面八方的朋友因为一个共同的爱好走到了一起，在交流中，我的生活充实了，音乐素养提高了，视野也开阔了。这些看似和工作毫无关联，却开启了我的教学思路，启迪了我的教学智慧，让我的教育教学工作受益匪浅。

喜欢一样东西，总会想方设法与它多接触，从事音乐教育后，我觉得找到了归属感，虽然认为自己嗓音不好，但自认为我就是教音乐课的。史蒂夫·乔布斯说："做伟大的工作的前提，是你喜爱自己所做的事情。"他又说："我很幸运，因为我很早（20岁）就找到了自己爱做的事。"我恰好也是在20岁找到了我喜爱的工作，我不可能有他那么伟大，但我会跟他一样幸福感特别强，因为，我们都从事了自己喜爱的工作。

二、目标+行动，我与课题不得不说的故事

有句话说得好：一心向着自己目标前进的人，全世界都给他让路。我从一个什么都不懂的黄毛丫头成长为现在的隆中名师、湖北特级教师、湖北名师工作室主持人，与我一直不断地为自己设定近期、远期的发展目标不无关系。设定目标后，行动行动再行动是实现目标的不二法宝！

（一）目标之一：当教师

当教师的目标，源自我的小学班主任皮书举老师。皮老师是我小学五年级的班主任，他是国家恢复高考后招收的第一届师范生，毕业后留校任教。皮老师和前四年的所有老师都不一样，他很有才，幽默风趣的语言透

露出无比的智慧，教学特别负责任，特别有方法。我的小学一至四年级，除了生字生词还算落实外，写作文基本是空白，皮老师就指导我们从写日记开始学习写作方法，还为我们写了一篇范文，现在应该就叫"下水作文"吧。在那篇文章里，他把我们学校描绘得很漂亮，还用了很多我听都没听过的词，对于渴望学习的我来说，真是佩服得五体投地！皮老师可以说影响了我的一生。从那时起，我就暗暗下定决心，将来要当一名像皮老师那样的好老师。这应该就是我人生中的第一个目标。

为了这个目标，我很努力地学习，中考分数出来，我达到了省重点高中的分数线。但填报志愿的时候，我毫不犹豫就填上了"师范"两个字，顺利地考上了当时的襄樊市师范学校（今湖北文理学院）。师范三年，我认真对待每一门课，除了物理、数学有点吃力外，语文、化学、体育、音乐、美术我都特别喜欢，心理学、教育学、教学法也都兴趣满满，还积极参加各种比赛和业余活动。再加上学校都是一些我熟悉的老师给我们上课，父母就在身边，无形中也多了一个紧箍咒，我丝毫不敢懈怠。第一年我就拿到了30元的奖学金，还自己开了一个账户。等师范毕业，我就被分配到延南街小学（今襄阳市第一实验小学）。可以说，这意味着我实现了自己的人生第一个既定目标。

（二）目标之二：开展课题研究

开展课题研究的目标源自我的领导——时任副校长的章辛老师等恩师。刚上班时，我才刚满17岁。17岁，自己都还是个大孩子，能带给孩子们什么？我教过学前班，教过一年级语文，教过二年级数学，新入行的三年可以说都是懵懵懂懂，虽然学过教学法，但到了实际教学中，却觉得什么都不会教，连最基本的组织教学都做不好，我甚至担心会不会误人子弟。总而言之，我是一个很自卑的人，这和我以前受到的教育有关，总觉得自己这也不行那也不行。我该怎么努力？该怎么发展？当时特别茫然。只能说，我的运气好，遇到了一些贵人，每当我不知该怎么办的时候，这些让我尊重的人、让我感恩一辈子的人都会真诚地帮助我，给我指明努力

的方向和目标。

当时比我大十几岁的副校长章辛，对我选择任教学科、在教学中的指导让我受益终身。

章校长当时分管学校的艺术教育，在章校长的努力下，省教研室"器乐进课堂"的课题实验安排到了我们学校，而我也加入了课题组，成了一名名副其实的音乐老师。那还是在1990年，虽然我喜欢音乐，可我上班才刚刚三年，今天教这明天教那，一年一门课，连怎么当老师都还没找到感觉，怎么可能进行课题实验呢？甚至在这之前，还从来没有听说过课题实验这回事！章校长给予了我很大的帮助，先是帮我树立自信心，分析我的优势和需要改进的地方，指导我还需要学习什么，怎么去开展课题实验。在章校长的具体指导下，我认真研读了实验方案，和学校其他老师在一起做了具体的分工，然后我们就开始进行了课题实验的研究。

把"器乐进课堂"这个目标和我小学五年级就确定的当老师这一职业目标相比，看起来要具体得多，但实际真正着手做起来，还真的是困难重重。刚进入20世纪90年代，在小学进行课题实验还是新鲜事物，而我，上班才三年，刚刚开始教音乐就进行课题实验，这在我们现在看来几乎是不可能的事。我想，在座的领导、老师在进行省级课题实验挑选课题组成员的时候，以我当时的情况一定是大家都不看好，也不会选择我这样一个什么经验都没有的人参与实验的。但由于我有了这个目标，有了我付出的艰辛行动，我将不可能变成了可能。

我调整了自己的上下班时间，早早来上班，最后一个下班。上班时间除了备课，和同事探讨实验中遇到的问题之外，还要上16节课。下课后，别的老师去喝水休息，我却留在教室里检查学生的吹奏情况，手把手辅导那些差一点的孩子吹奏，做实验笔记，一直待到下一节课预备铃响再换教室，水顾不上喝一口，甚至厕所都来不及上。到现在，下课盯学生这个习惯我都还一直坚持，否则的话，每个班七八十人，怎么去落实器乐教学？放学后，我不急着回家，把一天的教学回忆一遍，有所得就记下来，然后练习一会儿竖笛、口琴、手风琴。回家后读书，看资料。

　　学生有一定基础后，我们成立了校级竖笛队，每天下午放学后训练一个小时。从1990年开始课题实验，到1993年3月第一阶段总结，直至1995年年底迎接省级专家评审组验收，我的日子都是这么度过的。可以说，这5年是我人生中最重要的5年，是实现了我工作后第一个目标的5年，也是为我以后的发展奠定坚实基础的5年。当然，生活我也没耽误，1990年9月开始进行课题实验，12月开始谈恋爱；1993年3月第一阶段总结会，5月我结婚；1995年9月我带着身孕写总结材料，可以说课题实验伴随着我的爱情结下硕果。而当时进行课题总结时，我并不知道自己已怀有身孕。恰逢襄樊市教委（今襄阳市教育局）组织鼓号队比赛，我是主要训练教师，早上7点到校训练鼓号队，8点学生散队后进行上班的常规工作，下午三节课后再训练一个半小时，放学后我就把自己关到老公办公室写总结材料和自己的课题实验论文，还要准备作为课题组成员的一节实验课。所有这些，都是在白天上班，早晚训练，晚上加班中完成的。

　　功夫不负有心人。1993年3月，第一次到随州参加湖北省课题阶段性总结会，我写的学校实验阶段性总结获得了二等奖，并且由章校长代表学校根据我的总结在省课题会上作典型发言，我俩合作的文章发表在国家级刊物《中国音乐教育》上。我训练的器乐队学生到湖北省参加"东东"杯竖笛比赛，获得了一等奖。1995年秋，我校的"器乐进课堂"课题实验迎接了省教研室验收小组的审查验收，准予结题。评审组由省教研室音乐教研员朱则平老师带队，其他地市的教研员参加，到学校当场验收。当时襄樊市还没有音乐教研员，市群艺馆的杨秋仪老师一直关注小学音乐教育，他参加了评审团。评审很严格，首先到各班找学生调研，听每个音乐老师讲一节器乐展示课，然后回会议室听了我主笔的实验课题结题汇报，看我们的实验资料，再进行现场评价交流，每名老师交1～2篇文章参加省课题组的论文比赛。第一次面对如此严格的评审，我心里一直忐忑不安。好在平时的工作做得到位，我们的课题实验得到了专家组的一致好评，并准予

结题。等我们迎接完省级验收，我和当时的杨淑惠副校长到宜昌参加总结表彰会时，正值10月13日建队日，我训练的鼓号队参加市级比赛，在宜昌，细心的杨校长发现我吃饭没胃口，并且好几顿都是，是她提醒我可能是怀孕了，而当我们带着学校获评课题实验先进单位、我本人获评教学改革先进个人的好消息回到襄樊时，鼓号队获得一等奖的好成绩以及我检查确定怀孕的消息一起砸来，"四喜临门"的幸福感让我喜极而泣，付出的心血结出了累累硕果。

1996年，新一轮"器乐进课堂"课题实验开始，我们的研究方法、资料积累更加严谨完善。2000年，第二轮"器乐进课堂"实验结题是上报材料到省教研室。学校上交了我的一节录像课、一套文艺节目、一篇由我主笔撰写的课题实验结题报告、一本丰厚的论文集，展示了我校"器乐进课堂"所取得的成果。最终，学校荣获省教研室颁发的"金笛奖"，我被评为教研先进个人，我撰写的《器乐教学终结性实验报告》、论文《通过器乐教学培养学生的听音视唱能力》，被收录在省教研室主编的《中小学器乐教学实验研究》论文集里。

有了器乐教学实验课题研究的经验，后来再参加其他的课题研究就知道怎么去开展了。我又相继开展了多个省市级课题的研究，取得了丰硕的成果；我撰写的《让学生在绿色评价中快乐成长》在湖北省教科研年会上交流，并发表于《襄樊职业技术学院学报》上；参与的湖北省教育科学规划办《情境体验与学习兴趣激发的关系研究》《在音乐学科教学中渗透戏曲文化的理论与实践研究》《基于移动终端环境下的学校管理模式与策略研究》等课题的研究工作，现已结题；主持开展了市级课题《小学音乐课堂有效性研究》，已结题；2021年主持开展的《中小学音乐学科与信息技术融合的实践研究》被列为湖北省教育科学规划2021年度重点课题。

课题研究，和我的音乐教育教学紧密结合，互促互进。课题研究，让我的音乐教学变得更加丰富、实在、富有内涵，达成了我既定的工作目标，让我破茧成蝶，振翅高飞。

三、需要+行动，我和学习不得不说的故事

当教师，虽然对我自己而言，是实现了自己的人生理想，但在工作中，我越来越觉得：自己读的书太少了，工作中需要的知识、能力太多了，仅仅靠在中师学到的东西远远不够。那三年的学习，最多只教给了我们当小学老师的基础知识和基本能力，要想胜任或做得更好，需要真正好好学习。

俗话说，"要给学生一杯水，教师得有一桶水"是说相对于学生获得的"一杯水"知识来说，教师必须拥有几十倍、几百倍于学生的"一桶水"知识。这形象地反映了人们对教师知识存量的期望，也体现了传统社会一般的教师知识观。"学高为师"，教师要教好学生，必须有丰富的知识，这无疑是十分正确的。但是，如果我们更深地去琢磨这句话，就会发现有不完美的地方。现如今，知识更新的速度越来越快，数量越来越多；知识传播途径越来越多，传播速度越来越快。在这样的社会背景下，教师知识观就必须变革，教师必须树立终身学习的观念，不断充电，与时俱进，变原来的"一桶水"为"长流水"。

如今回过头来想想，上师范学校实际上是我走的一个捷径，我完全可以上了高中以后再考师范院校，同样可以实现我的人生理想，也许比现在的状况会更好。这种想法在我上班很久、经历了很多事情以后才醒悟过来。因此，加强学习成为我做好工作的第一需要，可以说，持续不断地学习贯穿了我整个教学生涯。

（一）自修考试

因为羡慕妹妹上了大学，也觉得大学的课程会对提高自己的文化素养有好处，因此我上班不久就和成为同事的我的同学韩向红一起参加了成人自修考试，学习汉语言文学专业。

那时候，我白天上班、备课、上课、训练学生、完成工作任务、参加课题研究，晚上就猫在寝室里看教材、记笔记。没有经历过高考那种魔

鬼训练的人，自修学习的困难还是比较大的，每次报考试科目的时候都是选了又选。语文方面的专业是我比较轻松的，每门都是一次过关，分数都还比较高，像政治经济学、哲学这样的科目，学习起来还是有点困难的。政治经济学我就考了3次。当时的考试并不是放在周末，第一次考试找学校请假时，还挨了批评，学校说我们不安心教学工作，刚上班就去参加大专学习等，当时就觉得特别委屈：我们的目的是提高我们的文化素养，为教学服务，却被曲解为不安心教学工作。不像现在，继续教育成为国家对教师的硬性要求，学历提升会奖励继续教育12学分。不知道现在的年轻人能否从这变化中感受到这不一样的幸福。因为没有经验，安排科目想从易到难，到后来几次考试时出现了科目轮空现象，我们花了三四年才通过了所有科目的考试，拿到了大专学历文凭。

我们再接再厉，接着又参加了本科的自修考试。这次考试我们有了经验，分析了前几次安排课程的顺序，把所有科目按两年考完的顺序排好后再报名。当时我们都已经结婚生子，为了争取每次都考过，牺牲了更多的休息时间在读书学习上。本科的学习相对专科的学习难得多，搞不懂的就跑回母校找我的启蒙老师皮老师咨询。皮老师感慨于我们的学习精神，对我们各个科目的学习提出了建议，告诉我们汉语言文学专业的学习不在读教材，主要还在多读文学名著、多积累，还帮我们找到襄师图书馆的老师，让我们享受师范学校教师的待遇，随进随出，并带我们去拜访在汉语言文学方面有专长的老师。老师们也为我们的精神所感动，不仅把我们当时提出的古诗词韵律中关于平仄知识的问题细致地讲解给我们听，还把自己研究的著作送给我们做补充学习。功夫不负有心人，最终我们顺利地完成了本科自修考试。

几年的自修考试，我的阅读视野大开，涉猎广泛，从文学典籍到哲学著作，读书已经成为我生活的一部分，给我的教学和不断探索增添了深沉的底色。

（二）掌握电脑操作

上师范的时候，我初步学习了几节电脑知识课，这对没见过电脑的我们来说，觉得电脑离我们好远好远。1996年，我听说学校才分来的一名青年教师，刚毕业就凑钱买了一台电脑，当时直呼了不起！因为当时，对于上了近10年班工资才三四百元的我来说，好几千块钱的电脑是多么昂贵的东西！现在看来，那名老师购买电脑真的是有先见之明，他在信息技术这方面走到了襄阳市至少是小学教育界的前列。

1998年，我代表学校参加襄阳市音乐优质课比赛。恰逢已经调到武汉上班的原副校长章辛回襄樊办事，我把她请来帮我磨课，她告诉我，武汉已经流行上课用课件辅助教学。我第一次知道了"课件"一词，只知道它辅助教学很方便，但究竟是什么还不清楚，我当时上的《牧羊女》一课，除了用手风琴伴奏，用录音机播放磁带范唱外，最亮点的辅助手段是章校长的父亲——著名的指墨画画家章士谦老先生帮我画的一幅表现牧羊女在大草原上放羊的水粉画，画面很漂亮，能帮助孩子们理解他们看不到的大草原、牧羊女和成群的黑羊、白羊等场景。章伯伯为我画了好几天时间才完成。当时我们上优质课的几十位老师没有人会使用电脑，这幅画成了帮助我获得优质课一等奖的辅助教学手段之一。

章校长告诉我，课件已经成为大城市老师们上课的必备手段，今后也是工作、生活的需要，电脑操作一定要学习。我当时仍然觉得，电脑离我们还好远，甚至觉得自己肯定学不会。没想到，学校第二年就为每个办公室配备了电脑，在组织了全员的电脑操作基本培训之后，我们就开始自己尝试着发现、发挥电脑的功能，大家最开始发现的是"红心大战""空当接龙""扫雷"等游戏。一进办公室，作业一改完，大家就抢电脑玩游戏，而我却是花了3天课余时间把5000多字的、在省教研室获奖的案例《快乐的春天》片段与评析在电脑上打了出来。开始，就像捉虫子似的，键盘上一个键一个键地找，然后在屏幕上出现的词组中一个词组一个词组地挑，打到第二天，我的速度明显加快，第三天，我个别字母的键已经不

用看键盘可以盲打了。随着网络的出现，更是发现了它的好处，随时可以学习别人的论文、案例、教学设计等，我就像发现了一个神奇的聚宝盆，让我喜不自禁。

电脑操作熟练后，渐渐地，我负责的教务室工作从纯手工处理到电子处理，到现在基本做到了网络办公：排课、学籍管理就不说了，平时每周一次的教研安排、教研情况公示、临时的通知等都通过网络发布，连迎接市级综合评估，我的资料都是用电子文档呈现，得到了市教育局检查组的肯定。后来在统计绩效数据的时候，有朋友告诉我Excel做数据统计特别方便，我就花了400块钱自费学习了Excel操作。后来，当在网上看到大量的Flash动画歌曲MV，因为喜欢Flash能把动听的旋律和优美的画面整合在一起，我又萌发了学做歌曲Flash的念头。刚好此时学校升级了电脑设备，建设了电子阅览室，组织老师们学习，提高计算机操作能力，我就把在学做Flash动画中的疑难问题整理出来，现场请老师手把手地教，最后成功制作了几部Flash歌曲MV作品，发布到网络后得到了大家的肯定。

再到后来，我继续认真钻研信息技术与音乐学科的融合，开展了相关课题研究，并学习制作PPT课件，学习微信公众号推送文章的编辑，学习微课制作，利用这些技术，在2020年疫情期间的"停课不停学"线上教学中发挥了巨大的作用，我制作的30余节微课不仅顺利完成网课任务，深受学生喜爱，还和甘肃、福建等湘版教材使用区域的老师们进行了深入的交流，做出了很好的示范，在襄阳市教育装备与信息技术中心组织的"襄阳市网络教学资源及网络教学日记征集评选活动"中，我的30节微课获得网课系列类第一名，我个人被评选为优秀个人。而讲授的"音乐微课的设计与制作"，更被国培、省培、市培项目确定为音乐骨干教师培训课程，为来自全省、全市的初中、小学音乐教师做培训。

从遥不可知到听说，再到自主学习、熟练操作，乃至现在成为信息技术培训专家，电脑的学习让我掌握了现代教育教学的技能，并且最大限度地发挥了它的作用。

（三）学习教育教学理论

从事教育工作的人，少不了要阅读教育方面的书籍期刊，了解教育理论的基本知识，了解教育前沿最新动态，这也是提升自我以及教学工作的需要。这些年来我坚持阅读教育期刊，学校订有《中国教育报》《中国教师报》，我又自费订阅了《中国音乐教育》《中小学音乐教育》等刊物，其中我最喜欢《中国教师报》和《中小学音乐教育》。《中国教育报》刊登的政策性内容较多，《中国音乐教育》主要面对高校和理论研究者，而《中国教师报》《中小学音乐教育》，反映一线教师的所感、所悟、所得更多，对我们中小学音乐教师来说，更接地气。阅读这些报纸杂志能够让我更及时地了解全国各地的教学改革情况，捕捉热点、难点问题，并在自己的课堂中实践。

此外，我还购买了多种音乐教育的书籍，在本地买不到的，出差的时候买，经常的情况是，别人到大城市出差购买衣物、食物往回带，我则带回来的是大包小包的音乐教育教学理论书籍，拿不下的就邮寄回来。在进行"器乐进课堂"课题实验的时候，我就发现除了器乐进课堂理论基于匈牙利的柯达伊教学法外，国际上还有奥尔夫教学法、铃木教学法、达尔克罗兹体态律动教学法等先进的音乐教学方法。为了了解这些教学法，我各个书店到处找，在襄阳买不到，就在出差、旅游时到武汉、西安、宜昌多个城市的书店寻找，还托朋友在上海和北京买，最后还是在西安音乐学院的书店里买齐了所有的教学法。买回来后，我给自己布置任务：一定要看完所有教学法，不求快，一个学期看完一本就行，并且要在实践中结合自己的教学去运用。通过学习，我发现新课程标准中许多理念、方法都是源自这些先进的教学法。我的音乐课里，有柯达伊，有奥尔夫，有达尔克罗兹，这些教学法夯实了我的音乐教学，让我的课堂灵动、丰厚、富有吸引力。

（四）走进新课程

2000年，新课程改革实施，教师都必须参加学习，先培训再上岗，不培训不上岗。国家拨出培训经费，对中小学教师进行了新课程全员培训，

内容有课程标准解读、新教材教法讲解、示范等。面对新课程改革，我利用一切机会参加省、市级的教学培训、教研活动，学校不安排的如果遇到假期就自己自费学习，我不断地学习，汲取教育教学的养分，充实自己。

2002年4月，我有幸作为艺术课程省级骨干培训者国家级培训学员，受襄阳市教育局的派遣，参加了在陕西师范大学为期10天的艺术课程培训。培训期间，我珍惜在那里的分分秒秒，如饥似渴地学习着新课程的有关理论，积极参与培训单位组织的所有培训、研讨活动。回到学校后，在市里没有采用艺术教材的情况下，积极自主地进行研究和实践，主动邀请市教研室的有关领导来我校听我的研讨课《太阳》，获得了市教研室领导和我校领导、同事的好评，我根据课堂教学实录撰写的案例"我心中的太阳"获国家级一等奖，并被收录在山东美术出版社出版的《艺术新课程的精彩——全国首届艺术课程论文、教学随笔、教案、课例评比活动集萃》一书里。作为实施新课程指南的《全日制义务教育音乐课程标准（实验稿）》，我更是读了一遍又一遍，我的第一本课程标准早就翻烂了。2011年修订版的新课标出版后，我拿着2001年版和2011年版两个版本逐字逐句阅读，2001年版被删除的我就在旧课标中用蓝笔标注，2011年版新增加的我在新课标中用蓝笔标注，阐述改变的我在两本书里用红笔标注，等标注完两本课标再去对比着读的时候，你会发现两本课标中诸多的变化。这些变化既是课标制定者研究的成果，也体现了课改10年一线教师探索的成果。我又找到3个版本的课标解读，每位解读者从不同角度阐述了自己的理解，这几位解读者有参与制定课标的研究人员，有出版社教材的编写人员，也有一线教师的课例展示。这一轮读下来，我对课标的理解可以说深入骨髓。我想，如果老师们都能够找到各自学科的课程标准解读认真读一读，那对新课程的认识一定会深刻许多。

四、任务+行动，我和工作不得不讲的故事

"兴趣""目标""需要"，这些词表述出来的主语都是"我"，

"我的兴趣""我的目标""我的需要",它们的特点也是很"自我"的,都是自我成长的基础。如果每一位教师都能为自己的兴趣、为自己的目标、为自己的需求行动起来,自我成长是必然的。但是身为学校这个大家庭的一员,除了教学之外,一定会遇到许许多多学校临时安排的其他任务,这些原本与自己或教学无关的任务,因为种种原因落在你头上,你会怎么处理呢?

首先分析一下这些任务的来源。根据我的经验,学校临时安排的任务无外乎有以下几种。

第一种:不是分内的工作。比如你是一线教师,学校安排你做教学以外的工作;你是科室干部,学校安排你做其他科室的工作。这种情况在各个学校都很常见。

第二种:创新性的工作。创新性工作是那种从来没做过又不知道该怎么去做的工作,这种情况可能科室干部遇到的会多一些。

第三种:参加比赛一类的工作。自己本身没有参赛需求,简单地说,自己不想要这个成果,但学校安排你参加。这样的现象在各个学校也特别常见。

第四种:临时出现的突发性、紧急性的工作,时间紧、任务重,不加班加点不可能完成的工作,这种情况也可能还是科室干部会经常遇到的。

遇到这些情况,你会怎么处理呢?无外乎也有以下几种态度。

第一种:完全拒绝,不是我分内的工作我就是不做,没做过的事我做不好,比赛我就是不参加,业余时间是我自己的,我就是不加班。

第二种:消极应付,我也不拒绝,但也不会好好做,做成啥样是啥样。

第三种:全力以赴,认真对待每一件学校临时交办的任务。

对于我来讲,我并不是一个天资聪明的人,我最大的优点只有一个字"实"——真实、实在、落实。因此,在我的工作生涯中,学校给我安排了许许多多原本不属于我的任务,有些任务刚接到手时,真的是觉得无从

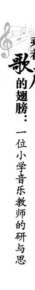

下手，不知道该怎么办。而正是这些任务，让我在"任务驱动"模式下，变压力为动力，发挥不怕吃苦、处事实在的精神，实实在在做好每一件事，为学校和团队增光添彩。

（一）训练鼓号队

刚任教音乐课不久，学校就成立了120人的大型鼓号队，因为音乐老师有限，鼓号队训练的任务就交给了我。大军鼓、小军鼓、大镲、小镲都不是问题，这些乐器，现学现卖很快就上手了，可这小号我自己都不会吹该怎么教？从书上看到了训练方法，因为自己不会吹，没敢实行，于是提着小号到处找人问。我们学校建教学大楼的时候，我们几个老师曾经搬进对面的军分区住，认识了几位军人朋友，我就请一起住在分区院子里的同事陪伴，挨家挨户地打听有没有人会吹，有没有军乐团，多次努力之后我失望了。然后又听说三六四医院有军乐团，我又托家长帮忙打听，打听来打听去一个都没找到。就在山穷水尽之时，出现了柳暗花明，最后还是襄师多才多艺的我的手风琴老师汪文晏帮助了我，我在他的指导下一下子把号吹响了，从此，鼓号队中号队的训练就成我的了。直到2015年我45岁时都还是我在协助德育室完成训练任务。

因为学校交办的任务，我学会了一种新的技能，虽然过程不易，但于我而言，怎能说不是一件令人欣慰的事呢？

（二）参加优质课大赛

每一个在教学上取得了一定成绩的老师，少不了要上公开课，参加各级优质课比赛。一个教师，一生如果没上过几节自己满意的"优质课"，那是枉作一回教师的。打磨"优质课"的过程，实质就是自我教学水平提升的过程。未被别人"打磨"也从不"打磨别人"的教师，其教学生涯无疑是平淡的，一个平淡的教师是激不起教学热情的，又何奢望他教出有热情、有激情的学生呢？所以，打造自己的"优质课"，几乎是一个教师走向纯熟、走向高境界的必由之路。

我上过国家级、省级、市级公开课，参加过3次市级优质课比赛、一次市级基本功大比武，在学校每年要上一节校级公开课。从对每一节课的打磨中，我会收获很多，这种收获又会对其他课的教学产生一种迁移作用。公开课的最大价值不在课的本身，而在磨课的全过程，理念的积累，教学法的运用，和其他老师思维的碰撞，实际操作后的落差，反思、调整、再操作，直到自己满意为止，在磨课中我学会了研究。每上完一节公开课或参加优质课比赛，我都将课堂实录整理出来，或者写教学反思，或者写点滴的思考，就是在平时的教学中，我也经常写手记，原来写手记是在笔记本或者Word文件里，后来我时常发在我QQ空间里，配上上课时用手机拍的照片，如果是我的QQ好友会在我的空间里看到图文并茂的手记。这些做法为自己积累了对音乐、对学生、对课堂、对教育十分丰富的感性经验和素材，我享受这种过程，无形中也构成了自己专业成长的资源库。

　　但是，在我每次参加优质课比赛和基本功大比武时，实际上都是有很多顾虑的。1998年，从来没参加过比赛的我被学校安排参加市级比赛，有不自信、怕上不好的顾虑。2002年参加优质课比赛时，我刚当教务室副主任不到两年，本来教务室岗位有三人，另外两人2000年刚上任不久，一个借调走了，另一个调到二实小了，我一个人在教务室撑着，课时当时只减了2课时，每周14课时教学任务要完成，教务室那么多工作要做，完成这两项已经是汗水加泪水了，再让我参加比赛真的是精力不济。2006年年底，市里进行第一届音乐和英语学科的教师基本功大比武，当时我已经评上襄阳名师，市教研室也认为我已经是名师不会再去参加比赛了，就把我纳入评委名单，没想到学校在前几届的大比武中取得了好成绩，语文学科、数学学科都有选手取得市级大比武一等奖第一名的好成绩，这一届要求我们音乐、英语两门学科必须保持好成绩。当时我的顾虑更多：取得好成绩吧，人家说你是名师，这是应该的；万一成绩不好吧，会有更多的人看笑话，又会说：瞧瞧，襄樊名师就是这水平！并且据我所知，我的两名已经当音乐老师的器乐队的学生也要参加比赛，师生同堂比赛，虽然我更

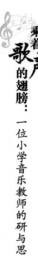

有经验，但从专业角度讲，他们更有实力。这些顾虑让我纠结了很久，最后还是从大局考虑，服从了学校的安排，积极地投入备战。优质课比赛就不说了，因为是自己选课题，找自己最拿手的准备就行了。基本功大比武却让我有犹如上刀山下火海般的感觉，在接受了学校参加过大比武的老师简单的培训之后，我把教材从第一册到第十二册通通看了一遍，对每一课教材内容、教学目标以及在整个小学阶段的地位做了大致的了解，从每一册教材里任选了一课，在学校的电子档案室查找到好几盘优质课光盘看课，然后每天回家后把孩子丢到婆婆家，把自己关到家里进行模拟比赛，写完稿子后再请我们学校领导和大比武获奖者帮忙指导，这样一遍一遍模拟，自我感觉越写越顺。当时因为音乐、英语老师全部都要参赛，学科内部是互相帮不上忙的，加上这两门课学科特点特别明显，其他学科老师也都不熟悉，我们比赛时没有语文、数学学科那么大的智囊团队的帮助，连我做的课件都是在我抽到课题后，联系到我一个网上的朋友，陕西宝鸡的一名电教老师帮我连夜加班做的。功夫不负有心人，那次的大比武，我再一次获得了一等奖第一名的好成绩，我们学校两个学科都取得了一等奖第一名的佳绩，圆满地完成了学校交给的任务。

一次让我纠结的比赛任务，成就了学校在市级大比武中辉煌的历史，而对于我们个人成长而言，真的是一次质的飞越。

（三）编制画册

2011年年底，全国各地都在对课改进行总结。而我当年所在的学校也迎来了校庆70周年，本着节俭的原则，借着襄阳市教育局组织的十年课改总结会在我们学校召开的契机，学校做了一个决定：拍一部学校课改专题片，印制一本总结学校历史的画册，以庆祝建校70周年。

拍摄课改专题片的任务交给了办公室，印制画册的任务就交给了我。说实话，专题片、画册如果按归口的话，都属于宣传类的任务，是办公室的分内事。但在当时那种情况，办公室是无论如何也不可能同时完成两项任务的，加上我喜欢摄影，这些年用自己的相机拍了不少学校活动的照片，我也特别愿意把我自己的作品用到学校的画册里，这是多么有纪念意义的事呀！

于是一接手我就很快投入工作中。我一边要把学校保存的所有照片和数码相机的文件都找到，一边还要考虑画册编制的体例和呈现的形式，撰写《学校画册设想》请领导们审查。方案通过后，我埋在几万张照片里，一张一张地挑选，还要带着来我们学校实习的大学生们一起到市档案馆，在几十年的报纸堆里找与学校相关的报道，而且这些工作全部都是在课余时间完成的。选择的照片学校班子研究通过后，我才安排了3天不带课，全天到画册设计公司一起设计样稿。不知道大家有没有这样的经历：闲的时候什么事都没有，等忙起来了，什么事都往一起赶。启动这项工作时，离课改总结会时间已经不远了，而当年9月份我又接到通知，要参加省继续教育中心组织的特级教师讲师团到黄冈市黄梅县小池镇送教下乡讲课和做讲座，可具体的内容几乎是在接到印制画册任务的同时才被告知——一节活动课《乃呦乃》，这是一首土家族的民歌，这节活动课要重点突破唱名sol的学习，还要将以前学过的do、mi两个音连起来进行即兴编唱，这对于二年级的乡下学生来说确实有点难以实施。讲座的题目是"唱歌教学法"。同时接到这么多任务，我头都大了，只有不到半个月的准备时间，白天要上课，上完课就要为画册选照片，讲座和讲课的内容都是晚上回家后准备，还要做课件，每天都忙到晚上12点才能休息，有3个晚上甚至忙到凌晨两三点，到了早上8点还得照常上班。幸亏我是在农村长大的，在泥里摸爬滚打的几年培养了我强健的体格，这么连轴转我都没趴下。定稿那天也是我该出发到黄梅的日子，但因为一直没能定稿，我一直拖到下午5点才请学校派了个司机刘师傅陪我开着我自己的车往黄梅赶。我开到随州以后，天已经黑了，又下着雨，刘师傅知道我第二天要讲课，就不让我再开了，让我在车上好好休息。我们紧赶慢赶晚上10点半到了宾馆，会议工作人员已经休息，把房卡放在柜台上让我们自己去拿。我们连晚饭都还没吃，匆匆吃了一碗面后，我又把整节课的思路回想了一遍后才休息，等

睡下来已经12点多了。顺利完成讲课、讲座任务后，第二天还要指导小池镇音乐老师讲课。活动结束我们又马不停蹄地往回赶，刚好赶到是周末，别的讲课老师就留在那里顺带去庐山玩两天，而我要赶回学校参加下午5点多的全体教师大会，为下周一在我们学校召开的市级课改总结会领取新的任务。

这次完成的编制画册的任务，让我对学校的历史有了更深的了解，也发现了学校档案管理方面的漏洞，使我加强了教务室的管理，加大了档案管理的力度，使教务室的档案管理的规范性、条理性以及信息管理水平有了进一步的提高。

（四）拍摄MV

70年校庆时，学校请人创作了校歌，大气磅礴的歌词、优美灵动的旋律给所有听到的人都留下了深刻的印象，作为一实小的老师和学生，我们都有一种深深的自豪感。学校萌发了拍校歌MV的念头，本来学校办公室已经负责拍摄了课改专题片，有了丰富的经验来完成MV，但不知道什么原因学校又把MV导演的任务交给了我，可能是因为我是音乐老师，也可能是因为MV需要用到摄影照片。上次拍专题片和印制画册的时候还一个会一个会地研究，这次拍摄MV似乎大家谁都不再过问了，拍摄方案、选择外景、模拟场景、选择演员、使用照片基本上都是我一个人负责，也没给我规定时间，反正往最完美上去努力就是了，就是需要用钱的时候要按程序申报。这个任务这样放手交给我，我有一种深深地被信任的感觉，为了这种信任，我只能拼了。那段时间天天脑海里不断地演唱着校歌的一句两句歌词，嘴巴一闲也是唱，唱得停不下来，在编写拍摄脚本的时候，我对着歌词，一句一句地设计场景，一秒一秒地抠画面。脚本定稿后，就开始会同拍摄公司确定拍摄时间，确定演员，联系多处外景的拍摄。老师们也特别支持，只要一见通知要求，大家就穿上工作服整整齐齐、准时在拍摄地等候排位，有时候临时要补镜头，看谁穿着工作服，拉过来说一声就拍。一遍不行拍两遍，两遍不行再接着来，大家的支持、配合以及团结协作精神，也令我非常感动，这也是最后我自认为作品比较成功的原因。

再后来，好像拍专题片就成了我的"专利"。有一年，襄阳市公安局局长到学校调研安全工作，视察后对我们学校的安全工作给予了很大的肯定，临时安排我们学校参加全市安全工作交流经验会。学校确定用专题片的形式展示我们的经验做法。这个任务很急，周二接到上级任务，周三学校开会安排，第二周周三下午全市会议上要用，具体的包括脚本撰写、拍摄画面、设计公司编辑素材、审核调整，等等。我们成立了专题片拍摄组，总务室提供拍摄的硬件素材，德育室安排行政值班相关事宜，我就负责拍摄整个工作的导演、协调，合理安排好时间，白天老师们上班的时候，就拍摄需要演员的画面，设备、场地、器材等画面就留到周末和放学后加班拍，有些画面需要的人员少，就通知校园内的老师周末就近过来加班。也是在全体教师的共同努力下，我们圆满地完成了上级领导布置的任务，专题片在全市安全工作会上播放后反响很好，不断有各级部门到我校要专题片的光盘。

这两次完成的拍摄MV、专题片任务，除了我自己感觉综合素质提高了外，还让我看到了团队力量的伟大！所有原本不可能的任务在大家的齐心协力下圆满完成了。

五、感恩+行动，我和领导、同事、朋友不得不说的故事

我从事音乐教育，到成为学科骨干、隆中名师、湖北特级教师、湖北名师工作室主持人，从普通老师到备课组长、教务室主任、副校长，虽然不乏精彩之笔，但也遇到过许多困难，有失败，有挫折，有彷徨，有茫然，还有悬崖边上的挣扎。30多年的时光，我最值得庆幸的是自己一路走来得到了许许多多领导、同事和朋友的帮助和鼓励，才有了今天的自己。

敬爱的各级领导，多年来无私地为我搭建了很多平台，给了我许多证明自己的机会，这包括市教育局、市人力资源和社会保障局、市继续教育中心、市教学研究室、市教育科学研究所、市电化教育馆、兄弟学校的

领导等，让我在教育教学的平台上施展身手，不断攀登新的高峰；可亲的同事们，更是全力地支持和无私地帮助我：2001年，我竞聘到教导室当副主任后来当教导室主任，因为种种原因，其间长达10年教导室实际上只有我一个人在负责，教导室又是学校的主要业务部门，一个人做三个人的工作，困难大家可以想象，但是这些年来教学管理、教务管理、教学研究、常规检查、优质课竞赛、学生活动等诸多工作不仅规范有序，还取得了很多成绩，这都离不开同事们的理解、帮助和支持；亲密的朋友们，有的为我点亮心灯，有的为我指点迷津，有的伸出有力的双手，在最关键的时候拉我一把，有的以强壮的臂膀，在我彷徨的时候送我往上突破发展的"瓶颈"走得更高、更远一些。凡此种种，都是我成长的基础。在这个过程中，我懂得了任何人的成长都不可能仅仅靠个人努力就能实现，我始终心存感激，懂得感恩。

因为感恩，我能够做到任何时候都能以平常的心态面对任何工作，不抵触，不抱怨；因为感恩，我做了许许多多应该是别的科室分内的工作，加班加点是常事，不拒绝，不计较；因为感恩，我能够做到任何时候，都能以踏实的作风落实每一项工作，不做假，不敷衍。

因为感恩，因为工作走不开，我一次又一次把参加省里直接下达的国家级、省级培训的指标让给其他同样需要培训的同事们。

因为感恩，在一次鼓号队比赛结束，市里评选优秀辅导教师奖时，学校肯定了我为比赛所做的贡献，把奖励名额给了我，但是，我主动把这个名额让给了别的辅导老师。因为我知道，还有老师比我更需要这个称号！

因为感恩，我把嗷嗷待哺的孩子丢在家里，带学生演出半天不回家，让还不会吃其他食物、不愿意喝牛奶的女儿饿肚子，因为婆婆看不过去孩子饿得大哭，喂了不洁的糖水，导致女儿腹泻了近一个星期，本来白白胖胖的小脸瘦了一大圈。

因为感恩，我把头一天骨折的女儿丢在医院做手术，在单位为即将参加市级比赛的美术老师磨课，因为课件做得不理想，我自己在女儿手术完成的当晚通宵陪孩子的情况下，第二天换班时熬夜为这个老师做课件。

因为感恩，在遇到家庭原因和学校工作冲突，靠本人的力量无法协调时，我从来没想到拒绝学校工作，而是舍弃家庭利益。当然，我的爸爸妈妈、公公婆婆以及所有的家人对我的工作也给予了充分的理解和强有力的支持，他们是我成长坚强的后盾！

因为感恩，在工作繁忙的情况下，在安排好学校的工作后，积极参加襄阳市继续教育中心组织的送教下乡活动，为襄阳市襄州区、东津新区、老河口市、保康县、谷城县的音乐老师做讲座、讲示范课；多次作为主持人主持市继教中心组织的暑期音乐新课程培训；还为军民共建单位某部队的新兵做题为"和音乐交朋友"的讲座；在市教育局、市教师工作科的关心下组建了襄阳市第一个小学音乐名师工作室，吸纳了17名县（市、区）的音乐老师进行教学研讨活动；还按要求跨校和昭明小学、市二十中小学部的两位青年教师结对子，抽时间到校听课指导。2015年成立市级隆中名师工作室，我作为主持人，又作为负责人，承担了襄阳市小学音乐培训点的工作，每年要组织5~8次培训。2019年成立湖北名师工作室，2022年成立襄阳创新工作室，这所有的工作都要牺牲我大量的休息时间去准备。

因为懂得感恩，所以我尊重领导，友爱同事，亲近朋友；因为懂得感恩，所以我不计劳苦，甘愿奉献；因为懂得感恩，所以我才能怡然享受着幸福！

六、热爱+行动，我和学生不得不说的故事

"关爱学生"是2008年教育部颁发的《中小学教师职业道德规范》第三条内容。热爱学生是教育的灵魂，更是作为一名教师的基本要求。高尔基说过："谁爱孩子，孩子就爱谁，只有爱孩子的人才会教育孩子。"的确，当你把炽热的爱通过一言一行传给学生时，就会激起学生对你情感的回报，从而乐于接受你所给予的一切。但是在实际教学中，遇到成绩不好、习惯不好的学生，能真正做到"热爱"的，却是"想说爱你不容

易"，特别是每周只有两节课的音乐学科，教师面对的班级多，各班教学时间少，了解学生不够，教育学生精力不够，等等，都是影响"热爱"学生的因素。在我的教学生涯中，我竭尽全力、用我所能，力争面向每一个学生，让所有学生都享受到充满关爱的音乐教育。

（一）以平等的态度对待每一个学生

每一个学生都有受教育的权利，都有享受生活、享受音乐的权利。在我的眼里，每一个学生都是平等的。因为是小学科，每个班每周只有两课时的音乐课，要了解所有的学生有一定困难。为了利于教学，我总是用各种方式尽快认识、了解学生。我先从叫出每一个学生的名字开始，再到细心记录下每个学生的点滴表现。我的备课本，就是学生们的成长记录本，在每个学生名字后面，画着密密麻麻的各式各样的、只有我自己认识的数字和符号。每当好奇的同事询问这些标记的意义时，我会得意地指着这些标记如数家珍：这表示学生有创意地表演了一首歌曲，那表示学生有感情地演奏了一支乐曲，这个说明孩子上课听讲认真，那个说明学生回答问题积极……现在条件好了，我就自己购买各种表示不同含义的贴画让学生贴到自己的书上，一翻开学生的音乐书，我就知道他哪个方面比较优秀，哪个方面还需要老师的鼓励和帮助。

记得我送毕业的学生中有一个叫邵帅的，平时很少与人交往，见了喜欢的老师，就傻傻地笑，不喜欢的理都不理。这样的学生，连普通的歌曲都不能完整地唱几首，更别说是演奏乐器了，但是，我从来就没有放弃过他。在刚开始学吹竖笛时，他连怎么拿乐器都不知道，其他学生有的靠自己的努力学会了，有的在我成立的"一帮一"结对子同学的帮助下也顺利过关，他却显得很笨拙、很自卑。我没有放弃他，总是在下课后单独辅导他，对他的点滴进步都由衷地赞扬，虽然他进展很缓慢，但是终于成功了！一年以后，在全班学了一首歌曲《海鸥》之后，第二节课邵帅竟然被旁边的学生拖着举手说："他会吹这首歌了！"我以为是旁边的同桌耍弄他，有些生气，要知道，这首歌的吹奏还是很有点儿难度的！可是这同桌坚持说："他会吹了！"再看邵帅，还是那样似笑非笑地拿着竖笛看着我，我半信半疑地说："那就请你吹一遍吧！"他顺从地拿起竖笛，优美、完整地演奏了那首歌，我简直惊呆了！他吹完之后，全班响起了热烈的掌声！那时那刻，我落泪了！因为我知道，我的努力没有白费！直到现在，已经毕业多年的邵帅还经常打电话或发短信问候我。

还有的学生因为家庭条件差，没有钱买竖笛，我就自己买了后送给他们，让他们和别的学生一样都能在音乐课上学习吹奏，不会因此产生自卑心理。上课用的很多教学道具，都是我自己根据内容制作，材料都是自己花钱购买。课堂上发给学生的奖品也是我自己买。每个学期，花在学生身上的钱累积下来也是一笔不小的数额，但我从来不后悔。我用自己独特的方式，表达我对学生成长的关注和对他们深深的爱。

（二）以美的方法教育每一个学生

苏联教育家苏霍姆林斯基曾经说过："音乐教育并不是音乐家的教育，而首先是人的教育。"音乐教育的根本目的是人的全面发展，是教育人、培养人，但我们绝不是把每个学生都培养成音乐家，而是为众多将来不是音乐家的学生着想，鼓励他们成为积极的、有一定音乐能力的音乐爱好者，让他们从音乐中享受到喜悦、乐趣，从音乐中得到启迪，开发他们的智力，培养他们的创造力，并为他们今后的成长打下良好的基础。

教学中，我坚持以审美教育为核心，注重培养学生对音乐的兴趣、爱好及情感，努力做到通过音乐教育陶冶情操、启迪智慧，激发学生对美的爱好与追求。我注重以学生为主体，让学生在愉快的音乐实践活动中（如听、看、唱、奏，讨论、联想、想象以及律动等）主动地去发现、去探究，去感受音乐、理解音乐、表现音乐，并在一定基础上创造音乐。比如，一年级学生无论在生理上还是心理上都不同程度地带有幼儿的特征，音乐教学应侧重激发和培养兴趣。因此，备课前我都会根据教学内容自制一些相应的教具和头饰，运用在课堂学习过程中，来吸引学生的注意力，累积下来，到现在为止，我已经做了上百个头饰，装了满满一大包，基本

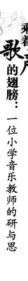

上做到有小动物教学内容的课都有用的，并在教学中结合学生生活实际，运用多种方法创设情境，激发他们的学习兴趣。

在我多年的努力下，我的学生对音乐产生了浓厚的兴趣，在课堂上积极参与，在课外自主学习，有的甚至把学习音乐变成了自己终生追求的目标。现在已经毕业的学生中，有的成为音乐教师，在2003年、2004年襄阳市音乐优质课竞赛中，在2010年襄阳市教育局组织的教师基本功大比武中，都出现了他们的身影，并且他们也取得了优异的成绩，更有两名音乐教师成长为襄阳市隆中名师。在谈到现在取得的成绩时，他们说，是因为小学的音乐课，是因为张老师，让他们爱上了音乐，爱上了音乐教师这个职业！

现在的我，依然是学生最喜爱的老师。下课时，走在我所带的班级附近，他们会纷纷围过来，给我一个个拥抱，或者一声声亲热的"张老师好"，学生家长也因为他们的孩子认识了我，主动对我说："学生最喜欢音乐课了！"家长和学生的热情使我感动，这种感动也成了我音乐教育甜蜜的助推剂。唯有把这份感动化作对学生更深切的爱，对音乐教育一如既往的执着的付出，才能对得起家长和学生的热情！

七、尾声

"兴趣""目标""需要""任务""感恩""热爱"，几个关键词构成了我行动的动力，促使我一路前行。这一路走来，周遭的一切让我心怀感激：感激校园、领导、同事、朋友和学生，为我提供了成长的土壤，让我从一株不知名的小苗长成了一棵茂盛大树；感谢理解、帮助、信任和支持，为我营造了成长的空间，让我从青涩懵懂走向成熟从容。这一程走来，几许艰辛，几多泪水，几多欢笑，在一次又一次的行动中，我一次又一次地蜕变，宛如凤凰涅槃重生，成长为省市学科带头人、隆中名师、特级教师、湖北名师。但这，不是我教师专业发展的终结，而应该成为我终身发展的新起点。坚守着，行动着，将是我一生的追求……

教师成长的蝶变之旅

——从北师大受训的两次发言说起

4月的北京师范大学，春光明媚，百鸟声喧。来自襄阳的50多位名师在这里接受了为期两周的高端培训，开启了"襄派教育家"成长的涅槃之旅。

一、学员们的回答被笑声淹没

参训中，有两次互动让我印象深刻。

互动之一。楚江亭教授提问："一个孩子放学回家，问妈妈：'我是从哪里来的？'现场的老师们，当你的孩子问'我是从哪里来的'你是怎么回答的？"在大家心目中，这是一个可能令人尴尬的问题，但被点起来的所有学员都在他人窃笑中认真回答。回答一："我经常给孩子进行生命来源的启蒙教育，也经常给我的学生进行青春期性教育。"回答二："我告诉孩子：'你是爸爸妈妈一起生下来的。'"我答："我不记得当时怎么说的了，只记得大嫂对她的孩子说：'你是从垃圾堆里捡来的。'"楚教授说："我不评价谁对谁错，请大家继续听故事。这个妈妈说：'孩子，你是怎么想起来问这个问题的？'孩子说：'我们班一个同学是从新疆来的，一个同学是从湖南来的，我是哪里来的？'"学员们哄堂大笑……虽然里面有些做法有可取之处，但所有的老师都在用成人的视角看

153

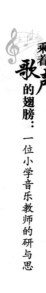

待这些儿童的问题，因此才会站在成人的角度回答孩子的这个问题。如果所有的老师都能够像这个妈妈一样坐下来，俯下身子倾听孩子的话语，也许就不用面对在孩子面前回答不出来的尴尬了。

互动之二。彭新强教授提问："你们在课堂上教什么？"学员们不假思索，张口就来。语文老师："字、词、句、段、篇、综合性学习"；数学老师："计算、应用、综合实践"；科学老师："科学知识、科学实验"；我答："唱歌、欣赏、表演、音乐活动"。彭新强教授不紧不慢地说："你们都错了！"

二、培训让我们明白自己是蠢牛木马、井底之蛙

在两次互动中，学员们的两次回答为什么都没有让教授满意？在接下来的活动中，我似乎找到了答案。

十天来，一场一场的报告、一次一次的交流、系统化高端的讲座、个性化有针对性的指导给我们带来了新鲜的资讯，开阔了我们的视野，梳理了我们已有的经验，也指出了我们的不足。听了《全球化教育改革》，听了《创客教育的理念与实践》，听了《国内外未来教师设计与创新教学案例分享》，参观了未来教室，国际视野下的培养学生的科技理工素养的多学科融合课程STEM（科学、技术、工程、数学）教育已经变成了融入人文艺术素养的STEAM（科学、技术、工程、艺术、数学）教育，艺术素养对学生成长的作用可见一斑。兴奋、激动之余不免扪心自问：张向东，作为音乐教师的你，作为襄阳唯一一个小学音乐培训点负责人的你，该做什么样的努力才能真正实现蝶变？

音乐学科在人们的传统观念中是一个不受待见的小学科，虽然，在各级文件中，这个学科是很重要的，在各级教学常规检查、综合考评时，学校是否开音乐课，是否开齐课时，都是会受关注的。但在现实中，各个学校却存在很多问题：有活动时轰轰烈烈，没活动时悄无声息。学生上音乐课，学学唱歌，听听欣赏，做做活动，老师不想上课了就让学生做

做作业，甚至打打闹闹也是一节课。下课，教材束之高阁，甚至丢失学生也不在乎。学生毕业了，除了教材上偶尔几首歌会哼哼，能说得上几首听过的乐曲名外，新歌不会自己学唱，新曲听不懂，拿来乐谱什么都不会，更别说什么创造能力、探究能力、审美能力、音乐素养培养了。到了中高年级，学生口中连教材歌曲都不愿意唱，只喜欢唱那些听也听不懂的韩国歌曲和诸如《考试什么的都去死吧》《死了都要爱》等不知所云的流行歌曲。这，就是我们当前的小学音乐教育。

音乐教师，一个比较独特又引人注目的群体，青春靓丽，充满活力，富有艺术特质，略显清高，在学校开展的各项艺术活动、"贴金"工程中，发挥着巨大的作用。但是，城市、农村的音乐教师，在音乐专业素养、教学水平、学习能力方面有着巨大的差异。有一部分音乐教师，他们的专业基本功扎实，教学能力强，教学理念新，他们关注学生知识技能培养的同时，还关注学生兴趣、审美教育、创造能力、合作能力的培养，他们喜欢读书、学习，只要有听课、培训的机会都主动参与、积极思考，这一部分音乐老师，会成长为骨干教师、名师、特级教师，需要得到专家有针对性的指导，梳理经验，提升理论水平，提高实践能力。还有一部分农村兼职音乐教师，没有受过专业的训练，他们的音乐专业知识技能极其欠缺，自己歌都唱不准，更别说其他，即使很想上好这门课，也苦于没有提高专业素养的平台，只能让学生跟着音乐听听唱唱。更多的兼职教师则是把音乐课占为己用，上自己的主教学科，这一部分教师也许永远都是达标的语文、数学教师。对没入门的兼职音乐教师需要提供音乐专业的基础训练、最基本的音乐学科教材教法的学习。当然，也很有一部分音乐老师，有无比高大上的音乐专业能力，吹拉弹唱，样样都会，可在学生身上，却是一分钟的工夫都不愿意多花，一分钱的事情都不愿意多做，原因只有一个：反正大家都不重视，又不参加考试，我就这样吧，你能把我怎么着？他们没有读过新课程标准，音乐课究竟要带给学生什么不知道，忽略情感态度价值观的培养，忽略审美的教育，教出来的学生除了会唱几首教材上

的歌曲外其他都不会了，他们不喜欢读书学习，更别说总结了，但看到别人发表论文、课题结题、获得称号还愤愤不平。这一部分教师也许永远都是成长不起来的普通教师，需要修正错误的思想，加强业务学习，提高师德修养，需要让他们充分认识到：自己都不重视自己任教学科的人，凭什么让领导、同事、家长、学生重视你呢？

　　而我，普通师范毕业，从带语文、数学改教音乐，从什么都不懂到参加课题研究，从普通教师成长为隆中名师、湖北省特级教师，其间付出的努力和经历的艰辛是显而易见的。但是，面对国际视野下的新形势，我还能躺在功劳簿上一动不动吗？还能自我得意于"襄阳市唯一的一名音乐特级教师"而沾沾自喜吗？回答当然是否定的，那我又该如何定位、如何改变呢？在襄阳市小学音乐教师培训方面我又能做些什么呢？

三、实现蝶变才是我们的不二选择

（一）蝶变从读书开始

　　从事教育工作的人必不可少的是需要读书，了解教育理论的基本知识，了解教育前沿最新动态，这是提升自我以及各项工作的需要。

1. 读国家有关教育的法律法规文件

　　教育教学离不开法律法规的约束，规范办学、依法从教是从事教育行业的所有人都必须严格遵守的。读《中华人民共和国教育法》《中华人民共和国义务教育法》《中华人民共和国教师法》《中华人民共和国未成年人保护法》《学校艺术教育工作规程》《国家中长期教育改革和发展规划纲要（2010—2020年）》等，甚至因为承担了培训点的工作，还更需要读《干部教育培训工作条例》《关于深化中小学教师培训模式改革全面提升培训质量的指导意见》《关于大力加强中小学教师培训工作的意见》等，增强自我的法规意识，依法施教，依法施训。

2. 读经典教育理论书籍

　　教育教学工作者要有针对性地选读一些经典教育理论书籍，如卢梭的

《爱弥儿》、苏霍姆林斯基的《给教师的建议》、皮亚杰的《教育科学与儿童心理学》等，夯实自己的理论基础。

3. 读报纸杂志

教育教学工作者要坚持阅读教育期刊，如《中国教育报》《中国教师报》《中小学教师培训》《中小学校长》《中国音乐教育》《中小学音乐教育》《音乐周报》《艺术教育》等，通过阅读这些报纸杂志，能让我们更及时地了解全国乃至世界各地的教学改革，捕捉热点、难点问题，并在自己的管理工作、培训工作和音乐课堂中进行实践。

4. 读音乐专业理论书籍

普师毕业的我，会弹钢琴、拉手风琴，但声乐不好，舞蹈不好，音乐理论只知晓一些最基础的知识，在日常教学中，我自以为足够教小学音乐了，经常是遇到问题才学习，时间长了才发现，这是远远不够的。因此，在音乐教学工作中，我们还要加强音乐专业理论书籍的学习，丰富合唱指挥、乐理、乐曲创作、音乐欣赏理论等基本知识，让我们的音乐教学得到这些专业书籍的帮助。

5. 读音乐教学法

国际上著名的柯达伊教学法、奥尔夫教学法、铃木教学法、达尔克罗兹体态律动教学法等先进的音乐教学法，都在我国的课程标准中有不同程度的体现，而对于源头的学习，我们却远远不够。寻找相关教学法的理论书籍，认真学习、领会，让我们的音乐课里有柯达伊，有奥尔夫，有达尔克罗兹，让这些教学法夯实我们的音乐教学，让我们的课堂更灵动丰厚，更富有吸引力。

（二）蝶变从行动开始

反思自己成长的历程，"行动"是成功的不二法宝。在我成长的每一个阶段，既有精彩之笔，也有失败之处，但我始终坚持"行动第一"这一理念，将其踏踏实实地贯穿在近30年教育教学的点点滴滴中，持续不断地行动着，最终从稚嫩走向成熟，直至取得今天的些许成绩。因此，"行动"也将是我日后工作需要坚守的"主阵地"，在持续的行动中，不断反思，期望自己不断成长，用丰厚的成果回报我们襄阳的教育事业。

1. 让音乐课堂更加灵动

音乐素养，是每一个学生成长中不可或缺的。音乐学科最重要的基本理念是以音乐审美为核心，它指的是对音乐艺术美感的体验、感悟、沟通、交流以及对不同音乐文化语境和人文内涵的认知。这一理念立足于我国数千年优秀的音乐文化传统，与我国教育方针中的"美育"相对应，彰显音乐课程在潜移默化中培育学生美好情操、健全人格和以美育人的功能。STEM教育现在变化为加入人文艺术素养的STEAM教育，说明了即使是科学技术理工方面的素养，也需要音乐素养浸润心灵，也需要音乐素养提供养分，这样的人才是人格健全的人。在今后我的教学工作中，我要突出音乐审美的理念，根据学生身心发展规律，用丰富多彩的教学内容和生动活泼的教学形式，激发学生对音乐的兴趣，让学生在愉快的音乐实践活动中，主动地去发现、去探究，去感受音乐、理解音乐、表现音乐，并在一定基础上创造音乐。同时，我要以创客的理念帮助学生学习享受创新与分享的快乐，使我的课堂更加灵动。

2. 让课题研究更加深入

从开始任教音乐开始，我就参与了器乐教学、情境教学、音乐评价等课题的研究，我的成长是得益于课题研究的，从什么都不会到一个一个课题的结题，在研究中初步弄明白了什么是课题研究。在北师大的培训，从薛海平教授的《研究问题的选择与确定》，到朱志勇教授的《学校教育的课题研究》，以及导师楚江亭教授面对面的指导，让我对课题研究有了更清晰的认识。拟将我的工作室在市级立项的"小学音乐课堂教学有效性策略研究"做得更科学、更规范、更严谨，并以器乐教学为突破口，研究课堂器乐教学实施的模式，器乐教学如何与课标教材相融合，如何利用课堂乐器辅助音乐学科其他领域的教学，等等。

3. 让学科教师培训更加精准

素质教育就是有素质的教师实施的教育，对于学生来说，教师质量这个变量远比其他变量重要得多。伴随着教育的发展，人们越发深刻地意识到，真正决定课堂的并不是写在书上的各种观念与规定，而是天天和学生打交道的教师。尽管专家们花了大量的精力，并且准备了课程标准和教材，但是一旦到了学校，教师一个人便决定了一切。因此，教师的专业成长成了提高教学质量的关键。作为襄阳市小学音乐培训点的负责人，我一直在思索如何开展有效的培训，让教师在一次一次的培训中有所收获，有所成长。这次来北师大培训，教授们的指导解开了我的疑惑。

今后培训点的工作，我打算从以下几个角度入手。

（1）加强调研，使培训更有针对性。培训点的第一次培训就开展了培训需求的调研，但是由于各城区选派学员人数较少，调研范围过窄，调研对象并不能涵盖5个城区所有的教师，因此，调研结果也有一定的局限性。因此，加强培训需求调研也成为后续培训之前必须进行的重要工作，希望能够得到各县（市、区）继续教育中心、教师工作科的支持，面向襄阳市全体小学音乐教师进行全面调研，让我们的培训更有针对性，真正解决教师实际存在的困惑和亟须解决的问题。

（2）分层分岗，使培训更有实效性。前面分析了音乐教师的情况，城区和农村教师、专职和兼职教师、骨干和普通教师在专业素养、学习能力等各方面都存在很大的差异，做好培训工作，只有正视差异，采用分层（骨干、普通）、分岗（专职、兼职）、分区域（城市、农村）的形式进行专门的培训，才能让培训更有实效性。骨干教师培训应开阔视野，加强理论提升，加强信息技术在教学中的应用；普通教师培训应加强教学业务培训，提高教学能力，提升理论素养；农村教师培训宜开展专业素养的系统培训。

（3）信息技术，使培训跟上时代步伐。创客也好，STEAM也好，信息技术的应用是必不可少的手段，如何将信息技术应用到音乐学科是需要进行专题研究的。但是，在当前，有的教师已经在制作微课，尝试翻转课堂的同时，还有些教师连PPT都不会做，更别说电子音乐这些新生事物了。因此，小学音乐培训点应加大信息技术及其应用的培训，让音乐教师与时俱进，跟上时代的步伐。另外，新型的网络工作坊、微信群、QQ群都是进行在线交流很好的手段，培训中借助这些形式进行专题沙龙也是创新培训形式的一种尝试。

（4）创新形式，使培训更受欢迎。一直以来，培训形式起主导地位的是讲座，这种专家讲大家听的方式很容易使人厌烦，而朱志勇教授的"学校教育的课题研究"的全员参与、小组合作的培训形式让人耳目一新，也让所有听课学员记忆深刻。因此，创新培训形式也是需要日后在培训中认真思考的。专题教学展示+评课互动+专家讲座这种形式更接地气，利用网络工作坊、微信群、QQ群实现在线交流更灵活，利用微课进行小专题的"微培训"，而小范围的专题沙龙、全员参与的问题研究，与专家面对面的互动交流，都是值得尝试并加以研究的。在话题选择上，注重切合教师实际，切合当前的热点、难点，这样的培训才是受欢迎的培训。

也许我考虑得不够成熟，也许在今后的工作中会遇到很多困难，但是我坚信，这次培训不是我教师专业发展的终结，而应该成为我终身发展的新起点。坚守着，行动着，才将是我一生的追求，期待蝶变那一刻的唯美……

守真，从善，修美

——感悟北京市海淀区实验小学艺术教育

很早就听说北京市海淀区实验小学艺术教育搞得好，是全国艺术教育先进学校。在有幸参加首批"襄派教育家"在北师大的培训之时，我被幸运地分在了海淀区实验小学这个跟岗小组。

走进海淀区实验小学，进行了为期4天的跟岗学习，我们聆听赵璐玫校长的专题介绍，参观校园环境，品味校园文化，参加升旗仪式，观摩课堂教学，与讲课教师和陪同听课的美育主任进行了多次评课交流，也参加了五年级的校外实践活动，还欣赏了学校的艺术社团活动。通过跟岗学习的这些活动，以及在文化墙上看到的各种介绍，全面感受了学校的办学思想、教育理念以及艺术教育特色。

今天，更有幸能够在我们襄城区教育局组织的这个平台上，与大家分享我在海淀区实验小学的跟岗收获，也期望海淀区实验小学艺术教育的经验能给在座的领导、校长、主任们以启发，大家齐心协力，把我们襄城区的艺术教育推上一个新的台阶。

我的汇报分两个部分。首先，介绍一下我了解到的海淀区实验学校值得学习和借鉴的几点特色。

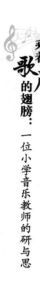
一、值得学习和借鉴的特色

（一）守真，从善，修美

在日本作家黑柳彻子所著的《窗边的小豆豆》一书中，巴学园的校长先生感叹："世界上最可怕的事情，莫过于有眼睛却发现不了美，有耳朵却不会欣赏音乐，有心灵却无法理解什么是真。不会感动，也不会充满激情……"对此，海淀区实验小学的校长赵璐玫深有同感。她给我们介绍说：生命是独特的，为着每一个独特生命而存在的教育理应具有诗意和美感，也理应具有滋养人性的功能。小学阶段的艺术教育不仅仅是让学生掌握一门乃至几门才艺，或者让他们学到多少艺术教育的理论知识，更重要的是通过艺术教育这个载体，使学生开阔视野、美化人生，培养学生守真、从善、修美的精神品格和人生境界，使学生在历练中不断成长、在实践中不断成熟，做一个思想丰富和身心健康的人。基于这样的认识，海淀区实验小学在办学过程中，尽最大的努力，让学生尽可能多地享受艺术，走进经典。以"让所有的孩子都有机会在艺术教育活动中体验美、享受美、健康快乐地成长"为根本方向，遵循"普及与提高相结合、课内与课外相结合、学习与实践相结合"的原则，"以艺培德、以艺启智、以艺促校"，全心全意为学生的成长与进步搭台，通过丰富多彩的艺术教育内容，使学生在小学时代学会感知美、展示美、创造美。

（二）全员参与，梯队发展

海淀区实验小学每年一届的艺术节和合唱节已形成传统，学校设立了班级合唱、舞蹈、绘画、摄影、书法、工艺、声乐、独奏等10余个项目，为不同兴趣爱好者搭建了展示平台。在全校5000余名学生全员参与丰富多彩的艺术节活动的基础上，学校成立了10余个校级艺术社团，吸纳了2000余名学生，常年开展活动，多次在国际、全国、市区举办的各种比赛中取得佳绩。其中合唱团、管乐团、舞蹈团均被北京市教委授予艺术教育的最高荣誉"金帆"称号，成为全市仅有的三3所拥有"三金帆"的学校之一。"金帆团"不仅仅是荣誉称号，它更深远的意义是通过优质的艺术教育，引领学生素质的全面发展，从而培养出身心健康、积极乐观、情趣高雅的创新型人才。每个团梯队制发展，从全员参与艺术活动的学生中层层向上一级选拔，这种机制带动了开展全校性的多姿多彩的艺术教育活动，整体提升了全校学生的艺术素养。而这些艺术社团中表现突出的孩子还在班集体中担任文艺骨干，带动全班同学形成热爱艺术、提高素养的良好氛围。学校艺术团每年都会举行一次盛大的专场演出，先后在国家大剧院、北京展览馆剧场、解放军歌剧院、北京音乐厅、国家图书馆音乐厅、中国剧院举办过专场演出，并积极参与国际艺术交流演出活动，先后应邀赴日本、德国、奥地利和美国举办专场音乐会，每次都载誉而归，为热爱艺术的孩子们提供了展现风采实现梦想的舞台。这些活动内容健康积极，形式生动活泼，受到了孩子们的热烈欢迎，使他们从小沐浴在艺术教育的春风里幸福成长。

（三）科学有序的管理，做好艺术教育保障工作

海淀区实验小学成立了艺术教育领导小组，校长任组长，德育副校长任副组长，还专门设置了一名美育主任主抓学校艺术教育工作，形成了由校领导、外聘专家、校内教师共同组成的分层管理体系，各岗位职责明确，人员到位，管理科学规范，富有成效。同时，为了保障艺术教育工作顺利有序地开展，学校注重健全艺术教育工作制度，制定了组织领导、团队管理、经费投入、财产保管、表彰奖励等一系列规章制度。管理注重细节，努力把各项工作督促到位，坚持开展小组长每天一次、社团团长每周一次、社团教师每月一次、学校主管领导每学期一次这样的四级总结、评价、汇报制度，层层负责，关关把守，步步落实，确保了团队活动的高效进行。在活动中，学校还注重培养学生的集体观念和合作意识，比如轮流当组长、团长，生生之间的导师制等，使他们更有责任心，更有集体荣誉感。学校还不遗余力地支持相关艺术活动的组织和开展，确保软硬件都能够达标。在硬件上，学校每年都将艺术教育经费列为学校资金投入的重点

支持项目，严格按照艺术教育专项经费申报制度，根据实际需要制订各艺术社团专项经费计划，严格按计划支出经费，并完善教学设备配置，提升硬件设施水准，学校建设、改造了26间艺术专用教室，逐年提高艺术教育环境的质量。在软件上，学校现有艺术教师27人，25人为本科学历，2人为硕士学历，其中舞蹈专职教师4人，是一支业务精湛、团结协作的教师团队。学校十分重视艺术教师的专业成长，不仅聘请了国内外著名专家上门辅导，还广泛组织教师外出听课进修，参加专业培训等，从时间到经费都尽可能地提供保障。学校各艺术社团均有专家进行指导，由艺术教师独立承担日常排练任务，使他们有发挥自身优势、凸显个人特色的平台，尤其是一些青年教师，在学习历练中快速成长，成为学校艺术教育工作的领头雁。教师们在艺术教育这片天地享受着教师职业的幸福。

（四）特色课程，让学生体验"无用之美"

著名哲学家罗素奉劝人们多欣赏无用的知识，如艺术、历史、哲学等。因为他相信，只有从"无用"的知识里，才能滋生出人生的智慧——在那里，有个体对自我生命之本真的追寻，有个人德行的内在完满以及生命意义的丰富与深刻。

在海淀区实验小学校长和教师的理想中，艺术教育不再是少数精英孩子所享受的特权，而要让它像语数外科目一样，作为一种文化普及，能够滋润众多学生的心灵。在赵校长的心中，教育的理想状态是所有生命都各美其美，美美与共，每个学生的爱好和不同之处都能够在教育中得到承认和尊重。正是基于这朴素的艺术价值追求，大家充分认识到："学校不仅要有一流的艺术社团，还要有一流的课堂教学，不仅要培养学生的艺术特长，还要培养学生综合的人文素养。"学校严格执行国家课程计划，开齐、开足艺术课程，开课率达到100%；大力倡导"大美育观"，依据学校关于各学科渗透美育的要求，全体教师充分挖掘各学科所蕴含的美育因素，全方位以美育人，使学生在审美中受教、在受教中审美，实现了学科教学的审美化，促进了学生的全面和谐发展。除了按规定完成国家课程外，艺术教师们还努力拓宽美育的渠道，积极开发校本课程，使艺术教育的内容更加丰富多彩，形成了良好的美育氛围。美术教师参加了国家级课题研究"非物质文化遗产校园传承与研究"，研发出了反映海淀本土文化的美术校本教材《认识我们脚下的土地》。音乐教师参与了市级课题"文化与音乐教学"的研究，并据此开发出版了校本教材《走进音乐的人文世界》，得到了同行和专家的一致好评。他们还合作撰写了《小学音乐课堂100问》一书，一经出版就获得了多方的广泛赞誉。

二、反思

了解了海淀区实验小学的做法，我们回头再看看我们市、我们区的艺术教育，差距确实很大。但是，优秀的学校由于所处环境不同，对于我们襄阳市、襄城区的学校来说，经验是不可复制的，做法也不可能照搬，但经验和做法背后的技术却可以提炼和学习。我们可以怎么做？下面谈谈我的几点思考。

（一）提高对艺术教育的认识

"文艺是时代前进的号角，最能代表一个时代的风貌，最能引领一个时代的风气。"2014年10月15日习近平总书记在主持召开文艺工作座谈会并发表重要讲话时，从实现"两个一百年"奋斗目标、实现中华民族伟大复兴中国梦的使命高度，深刻指出文艺工作肩负的时代责任。所以说，艺术教育作为我国基础教育不可或缺的内容，对全面提升国民艺术素养，并最终提高国民素质具有不可低估的作用。只有认识到这一点，我们在大力发展艺术教育时，才不至于是为了特色而特色，而是为了更好地推进素质教育，为了更好地实现育人目标。

（二）强化组织领导

有了先进的理念和对艺术教育的正确认识，强化组织领导、加强过程管理，使艺术教育管理走上科学有序的道路，是艺术教育顺利开展的保障。

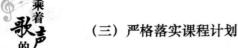

（三）严格落实课程计划

严格落实课程计划，严格执行课程标准，用好经过审定的国家教材，是落实艺术教育的基础。这三句话说起来简单，做起来却很难，虽然各种与学校有关的检查都把这些内容当作必检项目，但在实际教育教学工作中，却很不尽如人意。这一点，据我所知，在城区学校执行得要好一些，农村学校由于师资力量不足，课时开不足，或者开足课时后语数教师挤占艺术学科课时、教师不读课程标准、不研究教材、上课随意的现象比比皆是。如果什么时候落实课程计划、执行课程标准不再成为一句空话、不再成为应付检查的行为，而成为众之所向，我们的艺术教育就成功了一半。

（四）研发校本教材

校本课程是满足学生的兴趣爱好、彰显学校办学特色、促进学校发展的有生命力的课程，引入专家资源，发挥学校优势，开发出具有学校特色的校本课程，是大力推进艺术教育根本的保障，研发有本地、本校特色的校本教材更是不可或缺的环节。我们区不少学校都有校本教材，这在区教研室每年的教学检查中是必检项目，但大多数校本教材都和艺术教育无关，这也跟领导是否重视以及师资力量有关系。我们的学校完全可以在艺术教育方面花点力气，开发出适合本校的艺术教育校本教材，并向全区、全市，甚至全省推广。

（五）因地制宜选择训练项目以形成学校特色

可能有人会说海淀区实验小学的那些项目太高大上了，无论是国家大剧院，还是国家级的专家教授，都离我们太遥远了。但我们可以因地制宜，选择适合本校、适合本校教师、适合本校学生的项目，或者按照魏家勇局长讲话中说的，从一学期唱好两首歌、画好一幅画、用教材规定的课堂乐器吹好一首曲开始，从小培养，从基础项目培养，持之以恒，一定能提高我们的艺术教育质量，提升学生素质，进而形成学校特色。

（六）开展丰富多彩的艺术教育活动

艺术教育仅靠课内的40分钟是不够的，要课内外结合，开展丰富多彩的艺术教育活动，结合"六一"、"十一"、元旦等大型节日开展各种展演、展览、比赛活动，全校活动和班级活动相结合，大型的艺术节和小型的单项比赛相结合，给更多的学生提供展示的平台，引领全校学生积极参与艺术教育活动，使学生在活动中成长。

（七）切实加强教师队伍建设

高素质的师资是保证艺术教育顺利推进的关键。加强艺术教师队伍建设，特别是农村学校，要制订教师补充计划，在教职工编制总量内，优先保证艺术学科教师的配备；要加强在职教师培训，不断提高艺术教育师资的专业水平和教育能力，培养一批艺术学科的学科带头人和骨干教师，提高艺术教师队伍整体素质；要落实艺术教师待遇，在评先表彰、职称评定、绩效考核等方面与其他学科教师同等对待。

（八）充分利用校外优质资源

学校可以发挥本地社会人才资源的优势，聘请校外有艺术专长的人才进校园，对学生学习艺术技艺进行辅导。这里有两种途径：第一个途径是利用好学校周边的乡土人才，包括我们有特长（如剪纸、绣花、腰鼓、二胡、葫芦丝等）的学生家长，我们国家民间的艺术就是通过口口传授、言传身教、手把手学来的，把他们请进学校，让学生学习这些技艺也有助于我们国家民间艺术的传承；第二个途径是利用好各部门的专业专家，据我所知，无论是湖北文理学院、职业技术学院，还是歌舞团、音乐家协会、群艺馆，都有下基层、进校园的任务，联系这些部门的专家对学校的艺术教育进行指导，用专业素养让学生少走弯路。学校还可以主动联系有关部门，利用周边场（馆）、艺术馆以及校外教育机构等社会艺术活动资源，拓展学生艺术活动空间。

（九）全力推进艺术教育场地设施建设

学校可以利用我们区现在正在开展的迎接国家均衡教育验收的契机，

严格按照《学校艺术教育工作规程》和国家有关标准进行艺术学科功能室、场馆的建设，按照标准配备器材，也是顺利推进艺术教育的保障。

各位领导，作为一个艺术学科的教师代表，我呼吁：让我们大家齐心协力，用"美"的教育涵养全体师生的精神与气质，让每一个从襄城区中小学校走出去的人都能在自己人生的道路上追慕美好！

各美其美 美美与共

——我眼中的新加坡艺术教育

苏联教育家苏霍姆林斯基说："学校，是美的永久发源地。"艺术教育正是学生发现美、感受美和创造美的原点，不仅能提高学生做人的品位，还能塑造学生的灵魂和气质，就如席勒在其美学名著《美育书简》中写的："艺术教育对完美人性有着极为深刻的意义。"固然，只有极少数人能最终成为艺术家，但在小学时期获得艺术体验和熏陶对学生未来成为情趣高雅的人，其作用不可低估，因为艺术能够改变生活。

作为一名小学音乐教师，作为在学校分管教学、分管艺术教育的副校级干部，我非常荣幸，经过层层推荐并参与遴选被省教育厅选中赴新加坡参加艺术教师专题培训。

为期21天的学习，我们聆听了专家教授们的专题介绍，了解了新加坡的教育发展历程、教育制度、双语文化、课程发展设计、少教多学的教育思想及实践、学生身心发展与管理、教育理念、创意教学、城市文化建设和素质教育等方面的情况和思路，又学习了新加坡在音乐课堂教学、课外辅助活动相关的理念和教学实践，还亲自设计并参与戏剧表演、为动画配音；观看了艺术中心的多场文艺演出，参观了新加坡国家美术馆、图书馆等城市文化设施建设，也访问了优质重点中学德明政府中学。我们在德明政府中学，参观了学校的校园环境，品味校园文化，与学校的华文部、

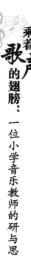
美术部主任进行了面对面交流，并深入社区，与当地懂汉语的华人华侨进行了零距离接触。我们通过这些丰富多彩的活动，以及从电视、报纸、网络等媒体看到的各种介绍，全面感受了新加坡的国家政策、教育制度、教育理念以及艺术教育特色等。信息量非常大，让我们开阔了眼界，增长了见识，可以用我们国家的网络用语来形容："脑洞大开！"但在培训中也感到有很多与我们的需要不相符的地方，理论的内容较多，实践的内容较少，想学的内容讲课教师点到为止，只讲了"为什么做"，而忽略了"怎么做"和"做什么"的问题，而有些听过的内容诸如"小六分流""因材施教""双语教学"等一遍又一遍地被各个讲课教师复述，并且许多需求都是在学习中没有涉及的。因此，这就需要我们抓住艺术教育的主线，抽丝剥茧，透过现象看本质，从讲课及各项活动中认真观察和思考，找到自己需要的东西，并加以归纳、总结收为己用的。

下面向大家分享我眼中的新加坡艺术教育。

一、强有力的文化艺术管理机构

新加坡在20世纪80年代以前，是世界公认的文化的沙漠，短短几十年，一跃成为"文艺复兴的新型城市"，这和新加坡强有力的管理机构很有关系。新加坡从国家层面开展多项举措，强化了文化艺术等方面的组织领导。在新闻通讯及艺术部下设法定机构国家艺术理事会以引领新加坡的艺术发展，这个机构的使命是协助培养艺术和发展新加坡成为一个有活力的环球艺术城市。接着在新闻通讯及艺术部下设国家文物局作为法定机构以引领新加坡的艺术、文化和历史文物的保护。再后来将古迹保护局并入新闻通讯及艺术部以鼓励在文物项目和公众教育上更大地分享古迹保护局和国家文物局的资源。2009年又将古迹保护局并入国家文物局以加强决策、战略和服务素质。2012年实行了部门重组，成立了文化、社区及青年部，以加强艺术文化对国家的未来和社会的影响。文社青部聚焦建立具有凝聚力的社会，同时深化对国家的认同感。该部门负起社青体部加强社区联系、促进志愿服务和慈善精神的职责，同时负责加强与青年的联系，以及发展体育事业。它的使命是建立社会资本，激发新加坡精神，通过各部门及青少年的参与，创造一个环境，在相互欣赏和信任上建设优雅的社会。强有力的管理机构和科学规范的管理为新加坡的文化艺术的发展奠定了坚实的基础。

二、全面完整的课程体系

新加坡的全面教育和我们国家略有不同，我们国家培养的人才要求是德、智、体、美、劳全面发展，而新加坡崇尚的是德、智、群、美、劳，加强了合作交流、团队意识的要求。它的课程体系主要包含核心课程和辅助课程两部分，核心课程有两类：一是核心科目，包括英文、母语、数学、科学；二是其他科目，包括好公民、社会科学、卫生教育、美术、音乐、体育。辅助课程有：道德教育、国民教育、课外活动、社区活动。在小学阶段和中学一二年级，音乐、美术各占2～3课时，和我们一样是考查科目。这些科目有统一的教材，但也给了发挥教师主观能动性、开发课程的空间，教师可以根据自身特长、学生需求、学生年龄特点、时事要求以及各班学生的种族特点，补充或开发教材以外的教学内容。在音乐教材方面，新加坡跟我们国家一样有演唱、欣赏、乐理知识，也采用了柯达伊教学的柯尔文手势辅助音符的视唱，低年级还有打击乐器制作，充分激发学生的学习兴趣，使学生在做做、玩玩、敲敲中学习节奏。小学中高年级也有直笛、口风琴等课堂乐器的教学。另外，由于新加坡是双语教学，华文学校、马来文学校、印度文学校的教材除了国家规定的统一内容，每个种族的学校教材都有包含本民族国家的文化历史、民族音乐等内容，充分显示了新加坡文化多元的特点。到了中学三四年级时，由于要参加英国剑桥考试委员会所主办的普通水准（Ordinary）考试，俗称"O水准考试"，音乐、美术学科不再是人人必上的核心科目，而转为可选的特选科目，由学生自愿选择作为"O水准考试"科目来就读。另外，许多学校开

设了校本特色课程，如华侨中学的特选戏剧课程，德明政府中学的华语文史艺术鉴赏课程等，这些课程各校自主开发，有教师编写的基础教材，也有根据时事或者学校整体课程的需要随时加以调整的教学内容。整个课程的设置、教材的编写带给艺术学科教师很大的挑战：不仅要用好教材，还要自主开发适合国情、校情、班情、生情的教学内容。新加坡国家艺术理事会指出，实施艺术教育课程和改进艺术教育的质量以便学生能够参与并欣赏表演和展览，培养艺术观众群。艺术教育不再是少数精英学生所享受的特权，而要让它像英语、母语、数学、科学等科目一样，作为一种文化普及，能够滋润众多学生的心灵，因为教育的理想状态是所有生命都各美其美，美美与共，每个学生的爱好和不同之处都能在教育中得到承认和尊重。

三、丰富多彩的课程辅助活动

新加坡教育部部长王瑞杰说："为了培养我们年青一代应对未来挑战的能力，全人教育，包括21世纪技能的学习，是我们必须做出的一项关键性的教育变革。"因此，中小学实行半日制。半天学术项目学习，主要学习英文、母语、数学、科学及人文学科（含音乐、美术、公民教育等），半天课程辅助项目的学习，要求每一名中小学生必须参与一项核心课程的辅助活动，每周5～6小时。课程辅助活动主要有四类：第一类，俱乐部与社团，如视听俱乐部、创业俱乐部、环保大使、美术与手工俱乐部、中华书画俱乐部等；第二类，体育运动，如篮球、击剑、排球、武术、户外活动、羽毛球、龙舟队等；第三类，制服团体，如学生空军、学生警察、童子军、圣约翰救伤队等；第四类，视觉表演艺术，如华族舞蹈（我国的民间舞蹈）团、华语话剧协会、华乐（我国的民族乐器）团、合唱团、节令鼓团、国际舞蹈团、管弦乐交响乐团、英语话剧协会等。课程辅助项目激发了学生向更全面、更平衡的方向参与与发展，有助于学生在价值观、技术及生活技能方面的学习，认可学生的不同兴趣，发展学生成为自主学习者。丰富多彩的课程辅助活动让每一个学生都能根据自己的兴趣爱好进行选择，并加强训练，培养了许多艺术人才，也培养了众多有艺术修养、有文化的观众。新加坡是没有专门的机构培养运动员的，他们参加东亚运动会、奥运会的运动员都是各个学校课程辅助项目参与者中的佼佼者。由于课程辅助活动对教师的要求非常高，基本上辅导老师是外聘的，从一些培训机构由政府出资聘请专业指导教师，这些教师常年在各个学校任教，为各个学校的艺术教育工作做出了自己的努力，而高额的报酬也吸引了许多中国高校的艺术专业高才生、体育专业甚至我国的国家级运动员，他们都为新加坡艺术教育、体育工作做出了巨大的贡献。

四、众多完善的文化艺术设施

我们参观了新加坡国家美术馆，这座全新的视觉艺术馆拥有新加坡和东南亚地区最大的现代艺术馆藏。国家美术馆坐落于新加坡市区中心，竟然是由前最高法院大厦和政府大厦建筑群经过大规模整修翻新组成，这两座庄严典雅的国家古迹建筑合二为一，成为城中备受瞩目的视觉艺术场地。政府大厦与高等法院华丽转身，成为国家美术馆。国家美术馆通过其常设展览和特别展览，为大众呈现国家艺术馆收藏中的新加坡及东南亚艺术珍品，反映新加坡独特的文化遗产和地理环境。与此同时，国家美术馆也与海外不同的博物馆合作，把东南亚艺术带上国际舞台，为人们带来一系列精彩纷呈的艺术盛宴。在常设展览之外，国家美术馆也策划了一系列特别展览，为公众引介更多艺术作品。我们参观的时候看到的特别展览就包括我国画家吴冠中在公共博物馆中历来最大型的画作特展，以及新加坡顶尖水墨画家蔡逸溪的作品展。另外，国家美术馆内还设有吉宝美术教育中心，为孩子和家长提供一个学习园地，通过活动和游戏来让孩子接触艺术、认识艺术。这个为孩童艺术教育精心设置的中心，通过各种有趣的活动，激发孩子的创意和想象力。美术教育中心的设施包括儿童美术馆、互动游戏空间——艺术玩乐区、艺术创作区，还有艺术长廊——这是一个摆

设儿童艺术品的专区，让孩童通过触觉来接触艺术。这无疑为学校教育拓展了艺术教育的空间，也为有艺术特长的孩子提供了展示的平台。

这只是新加坡文化设施建设的一个缩影。在新加坡，文化设施建设在不断改善。

（1）2002年，建成滨海艺术中心（Esplanade-Theatres on the Bay），位于新加坡著名的滨海区，是最具特色的现代建筑之一，成为新加坡的标志性建筑。艺术中心的主设计方为DP Architects，其建筑师团队以昆虫的复眼为灵感，造就了其独特的外观。又由于平视建筑时，艺术中心主体宛如两颗榴梿，因而又名"榴梿艺术中心"。艺术中心有室内8个场馆，场馆外还有露天演出台，连大厅都是一个群众文化活动的演出台，音乐厅是滨海艺术中心的核心场馆，拥有震撼人心的室内声学效果，是世界5个拥有这种尖端设计的音乐厅之一。

（2）成立国家图书管理局，以引领新加坡公共图书馆系统的发展，计划提供1个国家参考图书馆，3个地区图书馆和20个公共图书馆和1个社区儿童图书馆。

（3）国家艺术理事会的艺术之家计划从1985年推行，协助艺术团体获取排演场地和工作设施，共惠及135个艺术家和艺术团体。

（4）2011年年初，艺术空间新框架取代旧的艺术之家计划，艺理会斥资900万元修建"月眠艺术中心"，其前身为拉萨尔艺术学院，为艺术用地增加49个新的艺术空间和36个公用空间。

（5）进行国家博物馆的发展计划，以提供在原SJL设立纯美术画廊；在原道南学校设立儿童博物馆；建设新加坡历史博物馆；建设东南亚自然及人种博物馆人民画廊；提升储存和保存设备。

（6）政府和私人界在更多公共场合设置更多的艺术作品。

（7）简化娱乐执照的程序以及倡导私人组织表演。

五、丰富多彩的群众文化艺术活动

周末的时候，我们参观了新加坡滨海艺术中心，这个拥有多个场馆的艺术中心，许多场馆和演出台都对群众免费开放，几乎每天都有演出，周末的时候每场演出之间只相隔半个小时到一个小时，来自不同学校、群众组织的演出队表演了丰富多彩的文艺节目。我们去了两次，各半天，在艺术中心一楼大厅、二楼图书馆的演出台和室外露天的演出台，欣赏到了来自民间团体、培训机构的无伴奏合唱、吉他演奏、马来风情舞蹈、爵士舞、亲子活动等，以及部分学校的专场演出。那些演员，有的甚至没有化装，动作也不一定整齐，但是台上演员激情四射，台下观众掌声雷动，台上台下互动频繁，氛围非常融洽。来自新加坡四大种族的观众、来自世界各地的游客在这个国家级的艺术中心里共同欣赏着一台台精彩的演出。都说艺术无国界，这无疑是最好的证明了。这也是学校艺术教育空间的拓展，是学生兴趣、特长的展示。广泛、高频参与或观看这样的艺术活动，必定会培养学生的自信心、成就感，培养学生和观众群体的艺术能力，进而整体提升全民艺术素养。

实际上，这也是群众性演出的一个侧面，新加坡从1977年相继开始举办的重要艺术节一直延续到今天，主要有下面几个。

1. 新加坡国际艺术节

新加坡国际艺术节于1977年开始举办，是世界上少见的几个完全由官方出资主办的国际性艺术节。艺术节由国家艺术理事会负责，是本地最大型的表演艺术活动。

2. 新加坡华艺节

新加坡华艺节创始于2003年，现在一年一度的华艺节已经成为一个跨国际、地区与艺术形式，并展现华人艺术才华为核心的艺术节。

3. 新加坡艺术双年展

新加坡艺术双年展始于2006年，两年一届。第五届为2016年10月28日

开幕，2017年2月26日止，主题为"镜子地图"，聚焦东南沿海、中国与印度的约60名艺术工作者。

4. 新加坡花园节

新加坡花园节始于2006年，两年一届，被誉为"世界三大花园节"之一。2016年的花园展为历年来规模最大，活动占地9.7公顷，展出约40万棵植物、超过20个花卉主题、79件海内外园艺作品，47名海内外园艺与花卉艺术家作品，超过100个市集摊位。

5. 重点庆祝项目

华族春节庆典活动简称"华庆"，始于2011年，有3个重点庆祝项目：新加坡妆艺大游行始于1973年，由人民协会主办，超过8000人的盛大表演全球1亿人观看；春到河畔始于1986年，2011年为期13天的庆祝活动共吸引了超过130万人到访；牛车水华人新年亮灯庆祝活动，始于2003年，牛车水是新加坡的唐人街，活动于春节前一个月开始，沿街高挂精美的各式灯笼，吸引游人纷至沓来，活动内容丰富多彩。

新加坡艺术与文化策略检讨指导委员会2011年制定国家文化发展蓝图，为2025年愿景所提出的初步建议，包括三大主题："文化艺术人人可及""文化艺术无所不在""增建文化艺术能力、攀登新艺术高峰"，现在看来已经初现端倪，相信到2025年，他们一定能够实现这个目标。